执着坚守的左联研究者

姚辛书信选编

姚 辛 著

徐雪琛 何 瑛 夏子魁 编

所有真正的左翼文化战士，罗曼·罗兰歌之为"伟大的人"和"伟大的行动者"们，我们无限钦敬，"即使他们不曾把浓密的黑暗一扫而空，至少他们在一闪之下已给我们指点了大路。"

上海人民出版社

本书编委会

执著坚守的方联研究者

姚辛书信选编

姚辛挚友范笑我题写书名

序 ____ 王为松

　　上海是近代中国文化发展与传播的中心城市，20 世纪 30 年代波澜壮阔的左翼文化运动在这里发祥，令人瞩目、影响深远，构成了上海红色文化基因，融入了上海城市文化血脉，浸润了上海城市发展肌理。

　　虹口区被习近平同志称为"海派文化发祥地、先进文化策源地、文化名人聚集地"，这里是左翼文化运动的重要承载地，众多左翼文化活动在此开展，众多左翼文化名人在此汇聚，共同谱写了上海红色文化的壮丽篇章。如果说多伦路上的"左联会址"点燃了左翼文化运动星火，那么南昌路上的"暑期文艺补习班"则见证了左联、社联（中国社会科学家联盟）等左翼文化团体的"并肩作战"（唐弢语）。鲁迅、茅盾、潘汉年、陈望道、潘梓年、戴望舒、夏衍、李一氓、王学文等知名学者和进步作家，都曾在这里讲授新兴社会科学和文学艺术课程，开展马克思主义理论宣传和革命文艺活动，有力地推动了左翼文化运动的发展。毛泽东在论述新民主主义时期革命文化发展时，对左翼文化运动给予高度肯定和评价："在'五四'以后，中国产生了完全崭新的文化生力军"，"其声势之浩大，威力之猛烈，简直是所向无敌的。其动员之广大，超过中国任何历史时代"。

随着时间的流逝，许多左翼文化运动参与者的名字慢慢被遗忘、事迹逐渐变模糊。现如今，我们能够再次熟知这段历史，得益于许多研究者对相关史料的执着地搜集和艰苦地整理，姚辛就是其中之一。他很早就阅读鲁迅、瞿秋白、殷夫等人作品，深受左翼文化的熏陶。从20世纪50年代，姚辛便开始不遗余力地搜集与左联有关的各种资料，他并非"科班"出身，但以一己之力先后编写了《左联词典》《左联画史》《左联史》《左联之鹰》等书稿。有人说姚辛是为左联而活着，不为过也。

这部《姚辛书信选编》收录了他有关左联研究的珍贵手迹，内容以原始书信为主，包括写给当时健在的几位左联盟员（如杨纤如等人）、左联盟员后人（如杨吟等人）和中外左联研究者（如叶楠、王明堂、赵戈、张小红、钦鸿、饭仓照平等人）的信札，内容丰富，保存了一批左联和左翼文化研究的珍贵史料。

在很长一段时间里，关于左联盟员人数，有记载的仅五六十人。事实上，左联盟员远不止这些。为此，姚辛自费到全国寻访左联盟员，历尽艰辛，先后寻访了上百位盟员，挖掘出大量被湮没的资料。他撰写的《左联词典》中，左联盟员达288人，成为当时国内关于左联盟员最详尽的记录。正如姚辛本人所言："为撰写《左联词典》书稿，70到80年代我走遍大半个中国寻访健在的左联成员及其家属子女和知情人，与他们通信，了解了大量史料，最后编写成功《左联词典》一书。"姚辛的举动也赢得许多老前辈的支持与肯定，左联盟员、上海社联主席夏征农不仅为《左联词典》题写书名，还在出版《左联画史》一书时，给予支持与帮助。

姚辛书信涉及左联历史中某些重要人物、事件、刊物、组织以及思潮等相关史实与评价问题，其中不少是在书信中讨论、辨析乃至争论，有助于加深理解所关涉的史实以及评价。如1993年9月9日信中，姚辛对于《中国现代文学社团流派词典》中的"左联"词条进行了细致的勘误。2001年12月19日信中，谈及去济南拜访 94 岁高龄的冯毅之先生，询问有关北方左联成员的问题。如果从更开阔的视野来看，这批书信的价值，可能不限于左联研究，这也是当代手稿学研究的第一手资料，对于理解左翼文化研究的学术史、思想史大有裨益。

左翼文化运动宛如一座闪耀着璀璨光辉的红色文化灯塔，在历史长河中熠熠生辉。明年是左翼文化运动九十五周年，也是左联、社联成立九十五周年。站在新的起点，我们需要更多像姚辛这样的人，不断挖掘左翼文化史料、传承左翼文化精神。锚定建成文化强国战略目标，勇担新的文化使命，弘扬红色文化，赓续城市文脉，让我们共同为社会主义现代化建设事业添砖加瓦。

2024 年 11 月 10 日

（作者系上海社会科学界联合会党组书记、专职副主席，编审）

目　录

前　言

　　2024 年 2 月 26 日，为纪念左联成立九十四周年，左联会址纪念馆在筹备"左联月"系列活动期间拜访了青年鉴藏家、人类学与文化遗产研究青年学者夏子魁先生，将他所收藏的部分姚辛书信与手稿带回馆内。在 3 月举办的"左联月"系列活动中，左联会址纪念馆举办了"姚辛——执着的左联研究者"微展，首次将这些珍贵的书信手稿向公众展出。

　　为了表达对穷其一生潜心研究左联的姚辛先生的敬意，在左联成立九十五周年即将到来之际，左联会址纪念馆计划出版《执着坚守的左联研究者——姚辛书信选编》一书。在与夏子魁先生沟通后，他欣然将其十年来所收藏的全部姚辛书信、手稿无偿赠予左联会址纪念馆用于出版，以表达他对姚老先生无私忘我、锲而不舍精神的敬佩之情。

　　本次出版的书信是从夏子魁先生所捐赠的 90 通 137 页书信中精心挑选出的六十余通一百多页。另，有关姚辛左联研究笔记手稿，我们将另行汇编刊印。

中国左翼作家联盟会址纪念馆

2024 年 11 月 8 日

人物小传

　　姚辛生于战火纷飞的 1931 年，从小就成了孤儿。他的童年时代是在重庆保育院中度过的。在那里，他受到了左翼文化的熏陶，经常阅读高尔基、鲁迅、瞿秋白、殷夫等人的作品，从而对文学，尤其是左翼文学产生了极大的兴趣。

　　新中国成立后，姚辛从上海公安总队复员，回到浙江嘉兴，在一所中学内担任语文老师，在此期间他仍然醉心于研究左联，不断收集各地学者关于左联的研究论文、报道、回忆录等。

　　经过多年潜心研究，姚辛开始酝酿撰写一本关于左联的资料汇编——《左联词典》。随后，他多次自费前往全国各地拜访当时仍健在的左联盟员，广泛收集左联的相关资料，进行系统的研究、写作。1957 年，他由于将大量的时间用在了研究左联上，招致了校领导的不满，被迫离开学校，下放到工厂做起了临时工。这段时间，他不得不暂停外出寻访左联盟员的脚步。在这段艰难的岁月里，姚辛开始阅读《鲁迅全集》和 20 世纪 30 年代的文艺作品，并撰写了《〈鲁迅的呐喊〉与〈仿徨〉》、《荷投枪的战士》（鲁迅评传）、《殷夫论》、《叶紫论》等数百万字的著作。

不能外出寻访左联盟员依然让姚辛焦急不已。左联在历史上有数百名盟员，但具体有多少人、哪些人，这些问题随着左联盟员相继离世，逐渐成为历史谜团。"四人帮"被粉碎后，他迫不及待地再次踏上了寻访左联盟员的旅途，同时他也通过书信与很多左联盟员保持着联系。通过一次次这样的寻访和信件往来，姚辛渐渐充实了自己的资料储备，并再一次着手撰写《左联词典》。在撰写过程中，他秉持着严谨认真的态度，对于有疑问的词条刨根问底。然而对于姚辛来说撰写《左联词典》最大的困难不是学术本身，而是资金，去全国各地拜访左联盟员需要资金，出版书籍更是需要一大笔钱，姚辛作为一位当时名不见经传的左联研究者，没有任何资金支持，只能靠自己那点微薄的薪水。在书信中，姚辛曾不止一次谈到经费困难的问题。所幸，《左联词典》的出版获得了许多老前辈的支持与肯定，左联盟员夏征农题写了书名，当时已经 90 岁高龄的左联盟员夏衍为该书作序，他说："编刊一本《左联词典》，对于文学史研究者是很有裨益的。"

《左联词典》的出版，并没有让姚辛在经济上获得什么改善，他的日子依然清贫，然而他又马不停蹄地开始编写他的第二本书——《左联画史》。由于是画册，出版费用更为高昂，大约需要 30 万元，仅靠姚辛自身的力量是万难达成的。幸运的是，姚辛锲而不舍的研究精神以及《左联画史》丰富的内容让许多人向他伸出了援手。在1998年3月25日姚辛寄给时任左联会址纪念馆副馆长张小红的信中我们得知,《左联画史》的责任编辑鲁葳在见了《左联画史》的书稿后十分高兴,她翻阅后当即表示要共同设法筹集资金。经过一番努力后,《左联画史》得以勉强出版,但是为了节约成本,需要将书中的彩色图片印成黑白的。姚辛表示强烈反对,他甚至写了一则"郑重声明"。在这份声明中他强调:"不同意将书中彩色照片改印成黑白照片制成平装本。那将是对我辛勤劳动的不尊重,对投资方的影响也不好,更是对读者审美感情的漠视。"可见姚辛对于作品质量的重视和坚持。最终经过协商,决定将其中的彩色照片集中在一起以节约出版费用。1999年,《左联画史》由光明日报出版社正式出版,成为姚辛的又一大作。

《左联画史》出版后,姚辛又陆续撰写了《左联史》和《左联之鹰》。令人感到遗憾的是,2011年1月21日,姚辛在医院去世,没能看到他的最后一部作品《左联之鹰》正式出版。

编者

2024 年 11 月 7 日

敬爱的杨老：

十一月廿六日复信，因邮挪搁几天，昨天才收到。

您说要来嘉兴看我，使我又惊又喜，愧不敢当，您能光临寒舍，我和我的孩子们多数十分欢迎，行前请来函或来电告知，当去车站迎候。

冬日出行，请多多注意保暖，严防感冒。好在近时沪杭一带天气晴和，无阴雨。

从北京回来，我常常提起您。您革命一辈子，为人民奋斗了半个多世纪，如今年已古稀，仍在孜孜不倦地为人工作、工作、工作，而身边都令人照料，生活总够艰难的。不久前，杭州成立了一个"老、大、难婚姻介绍所"，我决定先去打听一下，您来了，我们再一同去那边看看。听说，全国各地许多属于"老、大、难"的人都去那边，我想，那

20×15=300　　第　页

里也许会给人带来……

段雪笙到士……我不明白贵州那……这么大的差错，现代第二分册，介……也很有趣：在姓……9卷文末都说，化……之役，看了叫人唏……确实令人感慨。

北京一定天寒……千万不能感冒。最……

杨老，在单位图……《金刚图》，您老儿……不知您是否有富裕……

健康长寿

杨纤如（1910-1991），河南固始人，左联盟员。曾任中国人民大学马列主义教研室及文学教研室教师、教授，海口《市民日报》副刊编辑，北京市政协委员等职。著有长篇小说《伞》《金刚图》，中篇小说《父子间》《渺音》，短篇小说《冰场上》等。

敬爱的杨老:

十一月廿六日复信,因耽搁几天,昨天才收到。

您说要来嘉兴看我,使我又惊又喜,愧不敢当,您能光临寒舍,我和我的孩子们当然十分欢迎,行前请来函或来电告知,当去车站迎候。

冬日出行,请多多注意保暖,严防感冒。好在近时沪杭一带天气晴和,无阴雨。

从北京回来,我常常想起您。您革命一辈子,为人民奋斗了半个多世纪,如今年已古稀,仍在孜孜不倦地为人民工作、工作、工作,而身边却乏人照料,生活是够艰难的。不久前,杭州成立了一个"老、大、难婚姻介绍所",我决定先去打听一下,您来了,我们再一同去那边看看,听说,全国各地许多属于"老、大、难"的人都去过那边,我想,那里也许会给人带来希望……

段雪笙烈士的生年,您说的对。我不明白贵州那两位作者为什么会出这么大的差错?《中国现代文学家辞典》现代第二分册,介绍翻译家朱海观时,也很有趣:在姓名之后,标有生年与卒年,可是文末却说,他现在上海译文出版社工作,看了叫人啼笑皆非,这是什么问题呢?确实令人感慨。

北京一定天寒地冻了,愿您多自珍摄,千万不能感冒。最好别外出。

杨老,在单位图书馆里看到有您的新书《金刚图》,但这儿没有卖的,请求您送我一部,不知您是否有富余的?要能如愿,衷心感谢! 祝愿您健康长寿。

后学　姚辛　86.12.3

敬爱的杨老：

　　我的《左联词典》里须要介绍您在北方左联的有关情况，如担任过哪些职务、重要活动（我又知道办沙泉书店等几件事）、写过什么作品等之，查《中国文学家辞典·现代第三分册》《杨纤如》条，仅三言两语，上述内容都未提到，我虽拜访您两次，但您绝少谈及个人，因此对您的这些情况了解甚少，望杨老在百忙中不吝赐教，俾便草写您的条目。此外，您三次被捕，是否同北方左联有关？如有关系，亦请说明。

　　北方左联盟员何小石、曹幸家、薛声瑗、王修治的情况，很想多了解一些，不知有何办法？如此　敬祝

健康长寿

石学　姚辛87.4.9.

敬爱的杨老：

　　我的《左联词典》里须要介绍您在北方左联的有关情况，如担任过哪些职务，重要活动（我只知道办沙泉书店等几件事）、写过什么作品等等，查《中国文学家辞典·现代第三分册》"杨纤如"条，仅三言两语，上述内容都未提到，我虽拜访您两次，但您绝少谈及个人，因此对您的这些情况了解甚少，望杨老在百忙中不吝赐教，俾便草写我的条目。此外，您三次被捕，是否同北方左联有关？如有关系，亦请说明。

　　北方左联盟员何小石、曹辛家、薛声豫、王修治的情况，很想多了解一些，不知有何办法？匆此，敬祝健康长寿。

　　　　　　　　　　　　　　　后学　姚辛　87.4.9

中国左翼作家联盟成立大会会址纪念馆

杨纤老：

您好，

春节前去北京，适您生病住院，想您现在一定已逐渐恢复健康，时在念中。

今年3月2日是"左联"成立60周年纪念，上海举行隆重的纪念活动及"左联学术研讨会"，我应邀出席。上海的"左联"成立大会会址纪念馆也修复、开放了。5月31晚我暂调左联纪念馆工作。本星期6（6月30日）馆里要召开"左联"诗人殷夫诞生80周年纪念会，有各单位代表数十人前来参加。明年2月7日，又是"左联五烈士"殉难60周年，上海也要举行

地址：上海市　多伦路一四五号

中国左翼作家联盟

隆重的纪念活动，准备，所以较忙。

在"左联成立一些专家学者提学会"，出版学术后一事，鲁迅纪念馆讨论，目前正在有关于研究"左馆，十分感激。联"，亦请告知。

撰稿《左联因近年又有新的材夏日炎之，望多

健康长寿

地址：上海市　多伦路一四五号

杨纤老：

您好！

春节前去北京，适您生病住院，想您现在一定已逐渐恢复健康，时在念中。

今年3月2日是"左联"成立六十周年纪念，上海举行隆重的纪念活动及"左联学术研讨会"，我应邀出席。上海的"左联"成立大会会址纪念馆也修复、开放了。5月31日起我暂调左联纪念馆工作。本星期六（6月30日）馆里要召开"左联"诗人殷夫诞生80周年纪念会，有各单位代表数十人前来参加；明年2月7日，又是"左联五烈士"殉难六十周年，上海也要举行隆重的纪念活动，目前我馆已开始进行准备，所以较忙。

在"左联成立六十周年学术研讨会"上，一些专家学者提议成立"左联研究学会"，出版学术期刊《左联研究》，后一事，鲁迅纪念馆和我馆已进行过讨论，目前正在安排具体工作，杨老如有关于研究"左联"的文章，请惠寄我馆，十分感激。杨老了解有谁研究"左联"，亦请告知，谢谢。

拙稿《左联词典》尚须充实修改，因近年又有新的材料发现，遗漏可惜。

夏日炎炎，望多珍摄，并颂健康长寿。

晚　姚辛　拜上

90.6.26

致叶楠的信　　1990.11.14（一通一页）

叶楠 先生：

　　我馆于1990年3月左联成立60周年时正式对外开放。为便于今后联系，我馆正着手建立左联研究学术档案。为此，请先生告知以下各项：

　　一、您的生年、籍贯、原名、笔名；

　　二、学历、目前职称、何时到现单位工作；

　　三、参加过哪些有关左联的学术活动；

　　四、发表过哪些研究左联或左联作家的文章，发表时间、报刊名称、卷期。

　　请在百忙中拨冗赐复，谢谢。如能见寄几份大作（将附入您的学术档案），更为感激。

　　地址：上海市多伦路145号，邮码200081

　　　　　　　　　　　　　　　　　　　致

　　敬礼

　　　　　　　　　　　　　　　中国左翼作家联盟成立大会
　　　　　　　　　　　　　　　　　　会址纪念馆
　　　　　　　　　　　　　　　联系人：姚辛

您的友人中如有
研究左联，亦请
告知，谢之。双

　　叶楠（1930—2003），原名陈佐华，河南信阳人，现代作家、编剧。历任北海舰队文化部创作员、政治部创作组副组长、海军政治部创作员等职。曾任电影《甲午风云》《巴山夜雨》《木棉袈裟》及电视剧《古吴春秋》编剧。著有短篇小说集《一帆风顺，燕鸥》等。

叶楠先生:

我馆于 1990 年 3 月左联成立 60 周年时正式对外开放。为便于今后联系，我馆着手建立左联研究学术档案。为此，请先生告知以下各项:

一、您的生年、籍贯、原名、笔名;

二、学历、目前职称、何时到现单位工作;

三、参加过哪些有关左联的学术活动;

四、发表过哪些研究左联或左联作家的文章;发表时间、报刊名称、卷期。

请在百忙中拨冗赐复，谢谢。如能见寄几份大作（将附入您的学术档案），更为感激。

地址: 上海市多伦路 145 号，邮码 200081

致敬礼。

中国左翼作家联盟成立大会会址纪念馆

联系人: 姚辛

您的友人中如有研究左联，亦请告知，谢谢! 又及。

中国左翼作家联盟成立大会会址纪念馆

明堂同志：

元旦大函悉，谢々您对我馆工作的支持与帮助。大作《毛泽东瞿秋白对投艺问题的论述》、《瞿秋白与鲁迅第一次见面和他离开上海去瑞金的时间》、《读瞿秋白杂文散记》是否能给我们一份作为资料，因无处找贵院学报。今后如发表关于左联及研究左联作家（如鲁迅、秋白等々）的文章均请赠我们一份好吗？

《徐州师院学报》编辑部的冒炘先生一个多月前曾给他去信，请他给我们提供些他个人的学术活动情况，迄无回音，请您见到他代我们打个招呼，希望他能支持我馆的工作。

又，有一位李春煌先生您是否认识？

地址：上海市　多伦路一四五号

中国左翼作家联盟

他在1983年2期《徐
《评冯雪峰生左联
论争中的立场和态
跟李先生合作而
一下，十分感谢。

您的友人、
或左联作家？发
师院中文系的学术
盼多通信息。

如有机会，请
简介一份，请收
专此　即颂

教祺

地址：上海市　多伦路一四五

■　王明堂，鲁迅研究专家，徐州师范学院中文系教授。

明堂同志：

　　元旦大函悉，谢谢您对我馆工作的支持与帮助。大作《重温瞿秋白对文艺问题的论述》、《瞿秋白与鲁迅第一次见面和他离开上海去瑞金的时间》、《读瞿秋白杂文散记》是否能给我们一份作为资料，因无处找贵院学报。今后如发表关于左联及研究左联作家（如鲁迅、秋白等等）的文章均请赠我们一份好吗？

　　《徐州师院学报》编辑部的冒炘先生，一个多月前，曾给他去信，请他给我们提供些他个人的学术活动情况，迄无回音，请您见到他时代我们打个招呼，希望他能支持我馆的工作。

　　又，有一位李存煜先生您是否认识？他在1983年2期《徐州师院学报》上发表过《评冯雪峰在左联跟"自由人"和"第三种人"论争中的立场和态度》一文。还有一位跟李先生合作的黄桥先生也请代为打听一下，十分感谢。

　　您的友人、学生中还有谁研究左联或左联作家？发表过哪些文章？徐州师院中文系的学术空气很浓，人才济济，盼多通信息。

　　如有机会，请来我馆看看。寄上我馆简介一份，请收。

　　专此，即颂教祺。

姚辛

91.1.6

您查"译文丛书"究竟有哪些书？有几种？
最好后面有个书目，便于选购。每种书也要有个
定价，只有总价118元，单本是多少钱？叫人
看不明白。又及

明堂先生：您好！

恭喜您又出了一本新书，一本好书！所
赠大著《中国新文学丛稿》也已拜领，谢了！
看到照片中的您，仿佛见了多年相识的老友，
倍感亲切。评论研究鲁迅、瞿秋白的好
作品，是颇令振奋的，惜从事这一工作的人少，
这样的书少了，又使人觉得了贵。

此书嘉兴市图书馆要两本，上海左联
纪念馆要两本，书可寄我，发票夹在书中
（一定要正式发票，收据不行，不能报销）。
书由我分送，书款会寄上的。

不久前，我去了一次北京、桂林、广州、
昆明，一个多月，刚回来，回复拖欠。

专此，即颂

著安

姚辛
2002.1.26.

明堂先生：您好！

恭喜您又出了一本新书、一本好书！所赠大著《中国新文学丛稿》也已拜领，谢谢！看到照片中的您，仿佛见了多年相熟的老友，倍感亲切。评论研究鲁迅、瞿秋白的生平、作品，是颇令振奋的，可惜从事这一门的人少了，这样的书少了，更使人觉得可贵。

此书嘉兴市图书馆要两本，上海左联纪念馆要两本，书可寄我，发票夹在书中（一定要正式发票，收据不行，不能报销）。书由我分送，书款会寄上的。

不久前，我去了一次北京、桂林、广州、昆明，一个多月，刚回来，迟复为歉。

专此，即颂著安。

姚辛

2002.1.26

这套《焦点丛书》究竟有哪些书？有几种？应该后面有个书目，便于选购。每种书也要有个定价，只有总价 118 元，单本是多少钱？叫人看不明白。又及。

致杨吟的信　　　1991.3.9（一通一页）

中国左翼作家联盟成立大会会址纪念馆

杨吟同志：

接申春同志来信，知杨老病逝，实出意外，世上的好人，又少了一个，怎不叫人悲痛！

前些年，我为撰写《左联词典》，多次进京，也多次前去拜访杨老，每次去都受到他们热心接待、热心指导帮助，有问必答，不厌其烦，对北方左联，指教尤多，使我永志不忘。那年，他的优秀作品《金刚图》出版后，他又赠给我一册留念，对后辈的信任爱护，令人感动。他入院动手术治疗前，我适在北京，又去医院看望他，他心情是平静的，则我第三次去看他时，他正在输氧，但我感到手术组好，病情正在好转，后申春同志多次来信，说杨老身体已康复，去年又听说他准备到南方来一次，我多么想在上海接待他啊！然而，现在他是永远不会来了！……愿他在天之灵得到安息！

杨老临终情况，祈中请告一二。此致

近好

91.3.9. 姚辛

杨吟，杨纤如后人。

杨吟同志：

　　接申春同志来信，知杨老病逝，实出意外！世上的好人，又少了一个，怎不叫人悲痛！

　　前些年，我为撰写《左联词典》，多次进京，也多次前去拜访杨老，每次去都受到他的热心接待、热心指导帮助，有问必答，不厌其烦，对北方左联，指教尤多，使我永志不忘。那年，他的优秀作品《金刚图》出版后，他又赠给我一册留念，对后辈的信任爱护，令人感动。他入院动手术治疗前，我适在北京，又去医院看望他，他心情是平静的，到我第三次去看他时，他正在输氧，但我感到手术很好，病情正在好转，后申春同志多次来信，说杨老身体已康复，去年又听说他准备到南方来一次，我多么想在上海接待他啊！然而，现在他是永远不会来了！……愿他在天之灵得到安息！

　　杨老临终情况，便中请告一二。此祝近好。

姚辛

91.3.9

致赵戈的信

中国左翼作家联盟成立大会会址纪念馆

赵戈先生：

您好！

我是左联纪念馆的工作人员。我们馆是去年3月左联成立60周年时正式对拟开放的，目前我馆着手建立"左联研究学术档案"，我个人在撰写书稿《左联词典》，其中有"左联研究"一项，包括"左联研究者"及"左联研究著作"两方面内容，您在70年代就发表过研究

地址：上海市多伦路一四五号

中国左翼作家联盟

左联、评击"⋯⋯

我很想花挑

但我对您的情⋯⋯

您的生年、籍⋯

单位、职称、发⋯

左联的文章（⋯

等），谢您之⋯

著安

赵戈（1922-2018），笔名沙征，上海人，左联研究者。历任八路军120师教导团宣传干事、战斗剧社创作组组长，晋绥军区《战斗报》随军记者，兰州军区文化部长兼甘肃省文联副主席等职。著有三幕话剧剧本《战友》、四幕五场话剧剧本《在世界屋脊上》等。

赵戈先生：

　　您好！

　　我是左联纪念馆的工作人员。我们馆是去年3月左联成立六十周年时正式对外开放的，目前我馆着手建立"左联研究学术档案"，我个人正撰写书稿《左联词典》，其中有"左联研究"一项，包括"左联研究者"及"左联研究著作"两方面内容，您在70年代就发表过研究左联，抨击"四人帮"的论文，我很想在拙稿中加以介绍，但我对您的情况不了解，望告您的生年、籍贯、学历、目前工作单位、职称、发表过哪些研究左联的文章（篇名、报刊卷期等等），谢谢。此祝著安。

　　　　　　　　　　　　　　　　　　　　　　　　姚辛

　　　　　　　　　　　　　　　　　　　　　　　　91.3.28

中国左翼作家联盟成立大会会址纪念馆

赵戈先生：

您好！

4月9日大函敬悉。感谢您对我工作的关怀、支持。知道您不久将回上海定居，很是高兴，今后有机会常向您求教了。

我馆是新单位，90年3月才成立，草创伊始，资料匮乏，尚请大力支持，您能否给我们找点有关资料，例如

地址：上海市多伦路一四五号

中国左翼作家联盟成

1966年全季创"文艺黑线专记录、文件、之类；您在发表的文章找一份，谢适当地方签

您的战友左联文章的专此即颂

春安

赵戈先生：

　　您好！

　　4月9日大函敬悉。感谢您对我工作的关怀支持。知道您不久将回上海定居，很是高兴，今后有机会常向您求教了。

　　我馆是新单位，1990年3月才成立，草创伊始，资料匮乏，尚请大力支持，您能否给我们找点有关资料，例如1966年全军创作座谈会批判"文艺黑线专政论"的会议记录、文件、照片、发言稿之类；您在《甘肃文艺》上发表的文章也请给我们找一份，谢谢。（并请在适当地方签个名）

　　您的战友、学生中如有写过左联文章的，亦请示知。

　　专此，即颂春安。

姚辛

91.4.13

致碧野的信　　1993.7.1（一通二页）

中国左翼作家联盟成立大会会址纪念馆

中国左翼作家联盟成立大会会址纪念馆

碧野先生、您好！

　　6月19大函敬悉。

　　从信中知道您住了院，这大概是心境欠佳的缘故吧。在我们印象中，您的身体原是好的，事已如此，除去写咱们老天爷之外（它太不帮忙了，）还望想开些，切勿过度忧虑。绘了身体，太不合算了，平时要多下楼散步，看花，多活动，多听々音乐，看々画报，务求心情愉快，颐养天年，为人民再工作若干年。

　　北平的左联，有几个名称，"北平左联"、"北方左联"、"左联北平分盟"等々，不统一，谷牧的老说应叫"北平左联"，自有道理，但杨纤如、王志之等人都说这一叫法不对，应叫"北方左联"才是……莫衷一是。近年发现了两份々兼的原始资料，根据它提供的史实，这个组织的全名是"中国左翼作家联盟北方部"，简称自然应当叫"左联北方部"。但不知为什么，这个名称一般人

都不知道。

　　您在《新文学史料卷5期》好极了，简直写北平左联的那部分太好了！今后写有关文用作题词。

　　碧野先生，我有

　　（一）我正在搜写您第30年代的作品有谁知道，您能提供一些的就更好。

　　（二）我多年来一直再编一本《左联画一点什么史料吗？

　　以上三事，如蒙（如有东西寄来，务必挂拒稿《左联词典衷心祝愿您

健康长寿

地址：上海市 多伦路一四五号

地址：上海市 多伦路一四五号

碧野（1916-2008），原名黄潮洋，广东梅州人，现代作家、散文家。曾任莽原出版社总编辑。任教于晋冀鲁豫边区北方大学艺术学院、华北大学文艺学院。著有长篇小说《阳光灿烂照天山》、散文集《月亮湖》《七月的天山》《在哈萨克牧场》《边疆的风貌》等。

碧野先生：您好！

6月19日大函敬悉。

从信中知道您住了院，这大概是心境欠佳的缘故吧，在我的印象中，您的身体原是好的，事已如此，除应当诅咒老天爷之外（它太不帮忙了！）还望想开些，切勿过度忧虑，伤了身体，太不合算了，平时要多下楼散步、看花，多活动，多听听音乐，看看画报，务求心情愉快，颐养天年，为人民再工作若干年。

北平的左联，有几个名称："北平左联"、"北方左联"、"左联北平分盟"等等，不统一，谷牧同志说应叫"北平左联"，自有道理，但杨纤如、王志之等人却说这一叫法不对，应叫"北方左联"才是……真是众说纷纭、莫衷一是。近年发现了两份可靠的原始资料，根据它提供的史实，这个组织的全名是"中国左翼作家北方部"，简称自然应当叫"左联北方部"。但不知为什么，这个名称一般人都不知道。

您在《新文学史料》上发表的回忆录《人生的花与果》好极了，简直就是一部优美的长篇，写北平左联的那部分我反复阅读几次，太好了！今后写有关文章，我要把其中某些段落用作题词。

碧野先生，我有几件事请您帮忙：

（一）我正在撰写书稿《左联研究史》，您30年代的作品有过哪些评论文章，我很想知道，您能提供一些情况吗？如能看到复印件，自然更好。

（二）我多年来一直想写一部《左联简史》，再编一本《左联画史》（画册），您能提供一点什么史料吗？

以上二事，如蒙关注，真感谢不尽了。（如有东西寄来，务必挂号，免遗失。）

拙稿《左联词典》问世，估计要到年底了。

衷心祝愿您健康长寿。

晚　姚辛　敬上

93.7.1

中国左翼作家联盟成立大会会址纪念馆　　　　　　　　中国左翼作家联盟成

小红：

　　昨天收到《中国民间名人录》编辑部来信，并附来诚书中卷征稿函、登记表等，据告是上海社会科学院文学研究所什么人推荐的，捧读之后，不胜惶悚，书未出版，关注者倒不少，三年前，北京《中国当代名人录》编辑部也多次来信并寄来登记表，说是要将我列入《当代名人录》，他们催促再三，我再四婉言谢绝，很惹了他们的不高兴，自问没啥成绩，如何能要此虚名，否则不是要令人笑掉大牙？1988年6月初，嘉兴电视台不由分说，派了人带了摄影机来到我家，七手八脚地为我拍了专题片《硬汉姚辛》，在全省范围内放映（有人在宁波也看到了），这对我压力很大。碰到此类事，真不知道如何是好：拒之不礼貌，受之又有愧，只得掩着眼说。

地址：上海市 多伦路一四五号

这几天是花全力以赴，出版社提出目录及排列（我是按汉语⋯，这就要把全部稿子⋯还要抄写目录，估⋯今天一天几乎"与⋯重要的一部分整理⋯9时了，累得热汗⋯

　　送您一点小⋯白米给我，这倒⋯太"那个"了。⋯⋯

　　天气炎热，望多⋯太紧张（真想帮您⋯实在抱歉）。祝愿⋯永远青春焕发⋯愉快、健康！

地址：上海市 多伦路一四五号

　　张小红（1961-2011），河北深县人，中国左翼作家联盟史和中共创建史研究专家。历任左联纪念馆资料室主任、副馆长，中共一大会址纪念馆研究室副主任、副馆长。著有《文坛之光—文化名人踪迹寻》《左联五烈士传略》《左联和中国共产党》等。

小红：

　　昨天收到《中国民间名人录》编辑部来信，并附来该书中卷征稿函、登记表等，据告是上海社会科学院文学研究所什么人推荐的，捧读之后，不胜惶悚！书未出版，关注者倒不少，三年前，北京《中国当代名人录》编辑部也多次来信并寄来登记表，说是要将我列入《当代名人录》，他们催促再三，我再四婉言谢绝，很惹了他们的不高兴，自问没啥成绩，如何能要此虚名，否则不是要令人笑掉大牙？1988年6月初，嘉兴电视台不由分说，派了人带了摄影机来到我家，七手八脚地为我拍了专题片《硬汉姚辛》，在全省范围内放映（有人在宁波也看到了），这对我压力很大。碰到此类事，真不知道如何是好：拒之不礼貌，受之又有愧，只得拖着不说。

　　这几天是在全力以赴整理《左联词典》稿。出版社提出目录及内容要改为按汉字笔划排列（我是按汉语拼音字母为序排列的）。这就要把所有稿子统统拆开，重新理过，还要抄写目录，估计最快也得一星期，今天一天几乎"马不停蹄"，总算把其中重要的一部分整理好，全部完毕已是夜9时了，累得热汗淋漓。

　　送您一点小土仪，却要买那么一大包白米给我，这倒更使我不安了，您也真是太"那个"了。……

　　天气炎热，望多珍摄，中午要午睡，不要太紧张（真想帮您做点事，无奈自顾不暇，实在抱歉）。祝愿您永远青春焕发，愉快、健康！

姚辛

93.6.17.晚

中国左翼作家联盟成立大会会址纪念馆

小红：

　　7月，常使我想到一段屈辱的历史——"《新生》事件"。48年前的7月（1935年7月），《新生》杂志主编杜重远因该刊发表《闲话皇帝》一文而惨遭陷害：被捕入狱，判刑1年又2个月，上海人民和全国舆论为之哗然！杜重远是位卓越的爱国者，爱国者而竟然成为"罪人"和"阶下囚"，而且遭到公开审判~~而那时当权者我感惊怖~~真是滑天下之大稽，当道的卖国投降嘴脸，在此案审理程中暴露无遗！十九年前，我广搜资料，决心以此为题材写一部小说，共写4章：

　　第1章　在祖国的土地上

　　第2章　《新生》箴言录

　　第3章　暴怒的帝国

　　第4章　燃烧的地火

地址：上海市　多伦路一四五号

中国左翼作家联盟成

　　限于条件，1、4章不久前将第3章再加遭难前后，因为是写此章，我曾多次拜访也是《新生》杂志，杜（他已于6、7年前去世）或"独家新闻"，大要

　　此篇不知《书七墨炎同志一阅，谢

　　　　　天翘，请注意即颂

　　近祺

稿子什么日我侯文给您

地址：上海市　多伦路一四五号

小红：

7月，常使我想到一段屈辱的历史——"《新生》事件"。48年前的7月（1935年7月），《新生》杂志主编杜重远因该刊发表《闲话皇帝》一文而惨遭陷害：被捕入狱，判刑一年又两个月，上海人民和全国舆论为之哗然！杜重远是位卓越的爱国者，爱国者而竟然成为"罪人"和"阶下囚"，而且遭到公开审判，真是滑天下之大稽！当道的卖国投降嘴脸，在此案过程中暴露无遗！十几年前，我广搜资料，决心以此为题材写一部小说，共写4章：

第1章　在祖国的土地上

第2章　《新生》箴言录

第3章　暴怒的帝国

第4章　燃烧的地火

限于条件，1、4章尚未完稿，余已完成，不久前将第3章再加整理、誊清，写杜先生遭难前后，因为是写上海的，较为顺手。为写此章，我曾多次拜访杜重远先生的一位朋友，也是《新生》杂志社的工作干部严长衍先生（他已于六七年前去世），了解了不少"内幕新闻"或"独家新闻"，大受教益。

此篇不知《书城》能否利用，请代交墨炎同志一阅，谢谢！

天热，请注意休息。即颂近祺。

姚辛

93.7.12

稿子什么时候交给您？

中国左翼作家联盟成立大会会址纪念馆　①

小红：

接丁景唐先生函，附来一材料请您和金老师看乞，说是看后还要发表意见，今把材料送给您，看后请面交金老师（别放在桌上，遗失了就无法交差）。

读新出版的《中国现代文学社团流派辞典》，感慨良多，其中《左联》条，仔细看过，发现不少错误，如：

（一）从结构上看不合理。收了《左联》条、《东京左联》条，却没有《北方左联》条，北方左联这么大个组织，又领导了整个北方左翼文化运动，功绩赫赫，怎么一字不提？

更不妥的是，"左联保卫小组"、"左联清华园小组"是两个小组级，而且是在北方左联领导下的组级，但都各列一个条目，而北方左联反而不列条，这就本末倒置了。

（二）潘汉年是左联历史上的重要人物，领导、组织筹备之役，联络鲁迅，出席了左联成立大会，

地址：上海多伦路一四五号

中国左翼作家联盟成

在成立大会上首是代表，
亨恒的是，《左联》条
也不提，他向这些一
一笔勾销了。

（三）潘汉年根本
更谈不上什么"代表
笔乞，日本学者近藤
此事，已篇乞早已由
我们编的那本《左联
本书出版后也立即
了是，不知为什么，仍
不肯吸收最新的新

（四）谈到"与左联
《巴尔底山》一种。其
初期的一种小刊物，
因而影响不大。倒
《文学季刊》、《文季
左联的关系更深，它

小红：

接丁景唐先生函，附来一材料请您和金老师看看，说是看后还要发表意见，今把材料送给您，看后请面交金老师（别放在桌上，遗失了我无法交差）。

读新出版的《中国现代文学社团流派词典》，感慨良多，其中"左联"条，仔细看过，发现不少错误，如：

（一）从结构上看不合理。收了"左联"条，"东京左联"条，却没有"北平左联"条，北方左联这么大个组织，30年代领导了整个北方左翼文化运动，功绩赫赫，怎可只字不提？

更不妥的是，"左联保定小组"、"左联清华园小组"是两个小组织，而且是在北方左联领导下的小组织，但都各列一个条目，而北方左联反而不列条，这就本末倒置了。

（二）潘汉年是左联历史上的重要人物，领导、组织筹备工作，联络鲁迅，出席了左联成立大会，在成立大会上首先代表中共党组织讲话……奇怪的是，"左联"条中，潘汉年的名字提也不提，他的这些重要活动，自然也都一笔勾销了。

（三）潘漠华根本没有出席左联成立大会，更谈不上什么"代表自由运动大同盟演讲"等等①，日本学者近藤龙哉早已著文考证过此事，这篇文章也早已由金笳先生译成中文，在我们编的那本《左联研究资料》上发表，这本书出版后也立即分赠给上海有关人士……可是，不知为什么，仍然重复过去的老错误，不肯吸收最新的新材料……

（四）谈到"与左联有关的刊物"时，只列了《巴尔底山》一种。其实《巴尔底山》只是左联初期的一种小刊物，并没发表过什么重要文章，因而影响不大。倒是《文学》、《现代》、《作

① 此事学界仍有不同意见。具体参见王文政：《潘漠华年谱》，浙江工商大学出版社2015年版，第111-112页。

左联领导人及左翼作家的理论批评、小说、散文诗歌,是显示左翼文学"实绩"的,要提也应当提它们,怎么能只谈《巴尔底山》而对上世这些大型的、产生世重要影响的刊物略而不提呢?

(五)盟员名单共收108人,即使这样少的一份名单中,还有一些人不是盟员,有些活着的人,调查、核实一下不难,尤其是死上海的,如杜宣,不妨专拜访一次问一问,但连这点看来也没有做过,我前些年多次去拜访杜宣他都一次之向我说明:"我没有参加左联,但参加过当时的左翼文学活动……我是'剧联'的……"而现在,把他的名字也列进去了,这多不好呀!其实还有七、个人不是,兹从略。

(六.)《左联》条中提到一位日本学者的名字:森山启,但这个"启"少了个"口"成了个"户"字,日本学者看到这个"森山启"的名字,又将何感想呢?!
当

撰写学术著作,非不说,还含害人害己。这些错误是应不

以上几条我写信回信说,我的意见列主编之一潘颂德至今未得回音。

我撰写《左联》留意,盟员的词条修改了多少次,有的人又非事实,还要取得其他本人谈的为准,并不总希望多听之别《何家槐》条,在嘉兴也请他指正过的,因为类似情况很多。……

好

家》、《文学季刊》、《文季月刊》、《中流》等等同左联的关系更深，它们都发表过一系列左联领导人及左翼作家的理论批评、小说散文诗歌，是显示了左翼文学"实绩"的，要提也应当提它们，怎么能只谈《巴尔底山》而对上述这些大型的、产生过重要影响的刊物略而不提呢？

（五）盟员名单共收 108 人，即使这样少的一份名单中，还有一些人不是盟员，有些活着的人，调查、核实一下不难，尤其是在上海的，如杜宣，不妨去拜访一次问一问，但连这点看来也没有做过，我前些年多次去拜访杜宣，他都一次次向我说明："我没有参加左联，但参加过当时的左翼文学活动……我是'剧联'的……"而现在，把他的名字也列进去了，这多不好呀！其余还有七个人不是，兹从略。

（六）"左联"条中提到一位日本学者的名字：森山启，但这个"启"少了个"口"，成了"户"字，日本学者看到这个"森山启"的名字，又当作何感想？！

撰写学术著作，非同小可，否则误人子弟不说，害人还会害已。其实他们要避免这些错误是并不难的。

以上几条我写信告诉丁景唐先生，他回信说，我的意见是对的。我又给该书副主编之一潘颂德先生写信谈了这些问题，至今未得回音。

我撰写《左联词典》真是处处提神事事留意，盟员的词条从内容到措词，有的不知修改了多少次，有的人物，虽反复调查访问、核对事实，还要取得其他佐证，并不单纯以其本人说的为准，并不"有闻必录"的，有词条总希望多听听别人的意见，如"蒲风"条、"何家槐"条，在嘉兴时就寄给潘颂德先生，请他指正过的，因为他写过这两人的小传。类似情况很多。……匆匆祝好。

姚辛

93.9.9

小红：

　　《书城》上的文章石凌鹤先生、陈荒先生都看了，石老、陈老都说您写得好。再次谢谢您对我的支持鼓励。

　　倪墨炎那里也已去信表示谢意。同时请他写一篇纪念周文的文章，是否顺利？要来作为纪念物，今后要编到《周文纪念集》中去。倘如给他去电话或见到他时，你也催促他，请他一定要写（他曾经写过关于周文的文章），时间了稍长些——三月底为妥。

　　《左联词典》供稿署名问题很难办，昨天我去上海书店见到俞子林同志，他说，这本书是明确地样提出的，看来难以改变。考虑再三，此事也只能答应了——否则怎么办？陈青的意见也如此。我们没有力量，要依靠别人，还会有什么好结果呢？！书出了再说吧，许多人都如此，我也确实一筹莫展……

　　石凌老送您一本书，请收。其余俟之好些了。

祝好

16开 60克 20×25格稿纸

上海　　出版部
姚辛
94.3.17

小红：

　　《书城》上的文章石凌鹤先生、陈落先生都看了，石老、陈老都说您写得好。再次谢谢您对我的支持鼓励。

　　倪墨炎那里也已去信表示谢意。同时请他写一篇纪念周文的文章，这是郑育之要我代为约稿的，今后要编到《周文纪念集》中去。您如给他去电话或见到他时，代我催催他，请他一定要写（他曾经写过关于周文的文章），时间可稍长些——五月前交卷。

　　《左联词典》作者署名问题很难办，昨天我去上海书店见到俞子林同志，他说，对方是明确这样提出的，看来难以改变。我思之再三，此事也只能答应了——否则怎么办？陈落的意见也如此。自己没有力量，要依靠别人，还会有什么好结果呢？！书出了再说吧，许多人都劝我，我也确实一筹莫展……

　　石凌老送您一本书，请收，他身体已好些了。祝好。

　　　　　　　　　　　　　　　　　　　　姚辛

　　　　　　　　　　　　　　　　　　　　94.3.17

中国左翼作家联盟成立大会会址纪念馆

小红：

　　身体好些了吧？甚以为念！尚在病院病床上仍担心我外出有没有路费，让人又感动又难过。但愿您今后不再生病，永远无病息灾地活下去……祝好人一生平安！

　　北京又有一家出版社来信表示愿出《左联词典》，且十分优惠，稿酬每千字22元（这是相当高了），社方态度也很诚恳，不要付印费，也不少包销若干。可惜又能咋写了。附上来信复印件一份，请收。　明天就出发了。（请找别址）

　　问候您俩好，爸爸好！即颂

　　文祺

地址：上海市　多伦路一四五号

姚辛
94.8.8.

执着坚守的左联研究者
姚辛书信选编

小红：

　　身体好些了吧？甚以为念！您在病院病床上仍担心我外出有没有路费，让人又感动又难过。但愿您今后不再生病，永远无病息灾地生活下去……祝好人一生平安！

　　北京又有一家出版社来信表示愿出《左联词典》，且十分优惠，稿酬千字22元（这是相当高了），社方态度也很诚恳，不要付印费，也不必包销若干。可惜只能作罢了。附上来信复印件一份。请收。明天我出发了。（对外别说）

　　问候您妈妈、爸爸好！即颂文祺。

　　　　　　　　　　　　　　　　　　　　　　　　姚辛

　　　　　　　　　　　　　　　　　　　　　　　　94.8.8

小红：

我于9.8.下午乘14次直快9日到京，晚住招待所。

初校、校样即寄弟张姆，望认真，9月6日《光明日报》要发书出版广告中已列有《左联词典》只说32开精装，定价28元，让弟也是初步教导一下，今后还会有做广告的。

那上次向出版社提出的：出书之前，不要声张，一切等出来后再说，不论怎么，提早做广告了，不管他了。即使上海有人不搞事，也不管他了。不过馆里的人也是不要讲。

出版社对《左联词典》抓得很紧，社里有"校对科"，责编鲁荻同志说：星期一校对科同志要同弟一起校，以便保证质量加快速度。自两无聊也校了不少，也不吃力，就是夜间同往的是两位山东来的老人，晚上喝酒、抽烟又不开窗，白天屋里电灯不断，谈生意，谈山海经，竟里什么也干不了，有些难过，但也无法。身体保重。祝

健康愉快

上海书店出版社

姚辛

94.9.11.

小红：

我于 9.8 下午乘 14 次直快 9 日到京，现住招待所。

初校校样印得很好，很认真，9 月 6 日《光明日报》重点书出版广告中已列有《左联词典》，只说 32 开精装，定价 28 元，大概是初步报道一下，今后还会再做广告的。

我上次向出版社提出过：出书之前，不要声张，一切等出来后再谈，不知怎么，提早做广告了。不管他了，即使上海有人捣蛋，也不管他了。不过对馆里的人仍是不要讲。

出版社对《左联词典》抓得很紧，社里有"校对科"，责编鲁葳同志说：星期一校对科同志要同我一起校，以便保证质量，加快速度。这两天我已校了不少，也不吃力。就是房间同住的是两位山东来的生意人，晚上喝酒抽烟又不开窗，白天夜里电话不断，谈生意，谈"山海经"，夜里什么也干不了，有点难过，但也无法。身体保重。祝健康愉快。

姚辛

94.9.11

馆里有什么事，请来个信。3寄
100050 北京市宣武区 永安路106号
光明日报社 招待所，即可。我每3
先到 即 会 阅 报 神往到10月上半月。又及。

小红：

您好！国庆节过得好吗？身体怎样？
我仍住招待所。第一校先看了
十四天，交出后，校对科把回收的几份
校样修改的全都合在一份校样上，以
便送印刷厂修改版子。我不放心，对
这份校样又仔细校改一遍，仍发现
不少错误与问题，全部改好弄好，又足足
用了四天，9月26日完成任务。这样，头校
就看了十八天，大多是凌晨4时前后起床
效率较高。这几天空档跑图书馆，等，
国庆后第二次校样出来。国庆节不外出，只是
夜里看之焰火。

门房间我了能有些信，请您代我收一下，
放在那里怕遗失。（代封的邮寄之）。
写了一封信给小童，请放在抽屉里校样之没
音信也不好。祝

健康快乐　　　　　　　94.10.3. 姚辛

小红：

　　您好！国庆节过得好吗？身体怎样？

　　我仍住招待所。第一校先看了十四天，交出后，校对科把回收的几份校样修改的全部合在一份校样上，以便送印刷厂修改版子。我不放心，对这份校样又仔细校改一遍，仍发现不少错误与问题，全部改好弄好，又足足用了四天，9月26日完成任务。这样，头校就看了十八天，大多是凌晨4时前后起床，效率较高。这几天空档跑图书馆，等国庆后第二次校样出来。国庆节不外出，只是夜里看看烟火。

　　门房间我可能有些信，请您代我收一下，放在那里怕遗失。

　　写了一封信给小童，请放在他桌上，（代封好谢谢）。这样久没音信也不好。此祝健康快乐。

姚辛

94.10.3

　　馆里有什么事，请来个信，可寄 100050 北京市宣武区永安路 106 号光明日报社招待所，即可。我可能住到 10 月上半月。又及。

光明日報出版社　　⑴

（　）字第　号

小红：

11.29.的信今天才看到（收发室的人不认识我，放在一边了，今天才被到收发室发现，代我拿来），一切悉。

今天下午看了穆木天的女儿穆立之，看到了许多她父亲早年出版的珍本书籍，许多已经在各大图书馆都难以找到了，看到它们真高兴，且她为我写《左联史》中有关穆木天部分提供了方便，是这次北京之行一大收获。

穆立之又连夜带我去拜访著名的苏文学翻译家高莽（乌兰汗），他译过许多

光明日報

苏联文学作品，他译（阔霎尔）被编入中 教育了一代又一代 苏联以东欧各国 年代文学的情况 肖像画家，画了几 的素描肖像，但 十分传神，而且用 画册确乎是一种 高莽先生显已是 高谈阔论，滔滔之 话题很广，引出日

社 ②

字第　号

掉队》（苏联
本，几十年来
中主要想了解
研究中国三十
是一位著名
国著名作家
翻阅他的
受，十分难得。
但健康活跃
们共同的

小红：

11.29.的信今天才看到（收发室的人不认识我，放在一边了，今天才被副总编发现，代我拿来），一切悉。

今天下午去看了穆木天的女儿穆立立，看到了许多她父亲早年出版的珍本书籍，许多已经在各大图书馆都难以找到了，看到它们真高兴，这为我写《左联史》中有关穆木天部分提供了方便，是这次北京之行一大收获。

穆立立又连夜带我去拜访著名俄苏文学翻译家高莽（乌兰汗），他译过许多苏联文学作品，他译的《永不掉队》（苏联冈察尔）被编入中学语文课本，几十年来教育了一代又一代青少年。我主要想了解苏联及东欧各国汉学家研究中国 30 年代文学的情况。高莽又是一位著名肖像画家，画了几百幅我国著名作家的素描肖像，这些画像不仅惟妙惟肖、十分传神，而且风格各异，翻阅他的画册确乎是一种艺术享受，十分难得。高莽先生虽已是高龄七十，但健康活跃，高谈阔论、滔滔不绝，我们共同的话题很多，可惜时间太少。

光明日报出版社 ③

（　　）字第　　号

　　来京次日（11.17.）我就拜访楼老（楼曲远夷），敲了半天门没有人，我知道一定生病住院了，但又能去医院看他（为防止交叉感染，医生不准人们去看老年病人）。楼老今年年初就病了，听说病得不轻，我十分担心。

　　左敬吾先生也因病住院，他也女，我已去医院看过他，且听他谈了不少有趣的往事。

　　我明天（8日）回家，过几天专看您。

　　祝您

　全家安好

姚辛
95.12.7夜.

来京次日（11.17.）我就拜访楼老（楼适夷），敲了半天门没有人，我知道一定生病住院了，但又不能去医院看他（为防止交叉感染，医生不准人们去看老年病人）。楼老今年年初就病了，听说这回病得不轻，我十分担心。

庄启东先生也因病住院，他还好，我已去医院看过他，且听他谈了不少有趣的往事。

我明天（8日）回家，过几天去看您。

祝您全家安好。

姚辛

95.12.7 夜

小红：

　　燕北华去世，我听到广播当天就给他夫人张剑刚老去函致哀，与子华先生去世时给他家属寄来的讣告，我已去信表示哀悼。联系地址是：

　　，另写马子华先生家属收，馆里也寄去封信。

　　举行"左联五烈士"逝世60周年获得成功，很为您高兴——您出了大力，也为宣传左联做了一件好事。在这方面，吃饭不做事的人是多数啊，"摆大旗做虎皮，包着自己，去吓唬人家"的人就更多啊。

　　丁先生、瑞乐坐同志要多跟他们联系，隔事多向他们请教，平时通个电话，很有好处。他们都会帮助您的。潘颂德先生也是一位可信托的朋友，他家的电话是，多常联系。

　　丁先生送书事是这样：他送两本书《左联五烈士研究资料编目》一本给馆里，一本给陵乐坐，都题了词啊，

此事不是我经手，

她说：丁先生送给她是不是送册资料室查找，果然她的书，我跟凌珠送给陵乐坐了。陵乐坐，馆里的一

赵家璧有关资料，此事只如绛以后就不必去了，著者

杭州那仪器，那就好了，能造那就更好。希望一物能多之发挥效心愿了。祝全家健康愉快

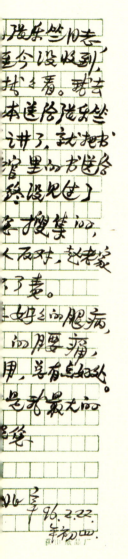

小红：

蔡北华去世，我听到广播当天就给他夫人张剑同志去函致哀；马子华先生去世我收到他家属寄来的讣告，我已去信表示哀悼。联系地址是：……可写马子华先生家属收，馆里应当去封信。

举行"左联五烈士"逝世六十周年获得成功，很为您高兴——您出了大力，也为宣传左联做了一件好事。在这方面，吃干饭不做事的人是可鄙的，"拉大旗作虎皮，包着自己，去吓唬人家"的人就更可鄙。

丁先生、张乐竺同志要多跟他们联系，遇事多向他们请教，平时通通电话，很有好处，他们都会帮助您的。潘颂德先生也是一位可信托的朋友，他家的电话是：……，可常联系。

丁先生送书事是这样：

他送两本《左联五烈士研究资料编目》，一本给馆里，一本给张乐竺，都题了词的，此事不是我经手。我有一次见张乐竺同志，她说：丁先生送给她的书她至今没收到，是不是送到资料（室）去了？要我找找看。我去资料室查找，果然找到了这本送给张乐竺的书，我跟凌珠和石阿姨讲了，就把书送给张乐竺了。【并不是把馆里的书送给张乐竺，馆里的一本我始终没见过。】

赵家璧有关资料我会帮您搜集的，此事只好待以后了。他

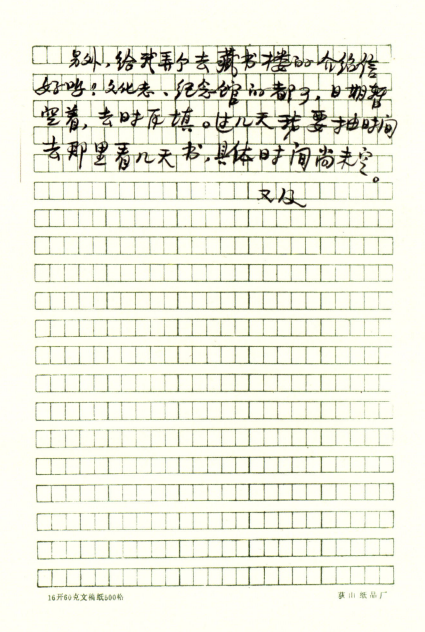

　　另外，给我弄个去藏书楼的介绍信好吗？文化志、纪念馆的都了，日期暂空着，去时再填。过几天我要抽时间去那里看几天书，具体时间尚未定。

　　　　　　　　　　又及

家人反对，赵老家就不必去了，惹出事来，负不了责。

　　杭州那仪器能治好您妈妈的腿病，那就好了，能治好您爸爸的腰痛，那就更好。希望您也用一用，总有点好处。一物能多多发挥效用，那就是我最大的心愿了。祝全家安好，更祝您健康愉快。

　　　　　　　　　　　　　　　　　　　　　　　姚辛

　　　　　　　　　　　　　　　　　　96.2.22　年初四

　　另外，给我弄个去藏书楼的介绍信好吗？文化志、纪念馆的都可，日期暂空着，去时再填。过几天我要抽时间去那里看几天书，具体时间尚未定。又及。

本周厂里有点事
不能去上海了。双

小红：

　　天津名作家梁斌逝世了。他是北方左联成员，馆里说去了唁电才是。他早在三十年代·就在《令丁》杂志上发表小说《夜之交流》，日后酝酿·发展成为长篇小说《红旗谱》是新中国文坛轰动一时的长篇伟构。八·九年前，我专程去天津拜访过她，谈了不少情况。这是一位谦虚敦之的结实朴素的老人，拄着拐杖，慈祥厚道，记忆过人，以他的条件，总月活到90岁……

　　他家的地址是：

　　　　　　　　。此祝

全家安好

姚辛
96.6.25.

小红：

　　天津名作家梁斌去世了，他是北方左联成员，馆里该去了唁电才是。他早在 30 年代就在《令丁》杂志上发表小说《夜之交流》，日后酝酿、发展成为长篇小说《红旗谱》，是新中国文坛轰动一时的长篇伟构。八九年前，我专程去天津拜访过他，谈了不少情况，这是一位矮墩墩的结实朴素的老人，挂着拐杖，慈祥厚道，记忆过人，以他的条件，足可活到 90 岁……

　　他家的地址是：

　　……

　　此祝全家安好。

姚辛

96.6.25

本周厂里有点事，不能去上海了。又及。

小红：

　　您好吗？平安无事吧？

　　8日报上消息，端木蕻良逝世（5日）见了没有？馆里该发个唁电去。他是北方左联老盟员，主编过北方左联刊物《科学新闻》三十年代，发表过优秀长篇《科尔沁旗草原》《大地的海》，短篇名著《鴜鷺湖的忧郁》《浑河的激流》等，那时就已是知名左翼青年作家。他的夫人叫钟耀群，他家现在地址：

　　。我望儿代帮访问他。

　　专此即颂

　　近好

　　　　　　　　　　　　姚辛

　　　　　　　　　　　96.10.10.上午

小红：

　　您好吗？平安无事吧？

　　8日报上消息：端木蕻良逝世（5日），见了没有？馆里该发个唁电去。他是北方左联老盟员，主编过北方左翼刊物《科学新闻》，30年代发表过优秀长篇《科尔沁旗草原》、《大地的海》，短篇名著《鹭鸶湖的忧郁》、《浑河的激流》等，当时就已是知名左翼青年作家。他的夫人叫钟耀群，他家现在地址……我曾几次拜访过他。

　　专此，即颂近好。

姚辛

96.10.10　上午

小红：

　　您好！

　　感谢您10月22日让我有机会去鲁迅学术研讨会和李修江等同志见面，李和吴腾凤、杜一白等人都已神交5、6年，但无缘相见，这次见了他们，虽不能多所交谈，但也很高兴了。

　　香港学者、研究"左联"的专家王宏志先生将于12月5日前后来沪，这几天在帮他抓紧整理一部分资料，是92年就答应他的，想交卷完事，所以在分秒必争地做，我们的书稿只好放一放，真没办法。

　　问候您爸、妈好。

　　专此即颂

健康、愉快

　　　　　　　　　　　姚辛
　　　　　　　　　　96.11.10.

小红：

您好！

感谢您 10 月 22 日让我有机会去鲁迅学术研讨会和李伟江等同志见面，李和吴腾凤、杜一白等人都已神交五六年，但无缘相见，这次见了他们，虽不能多所交谈，但也很高兴了。

香港学者，研究"左联"的专家王宏志先生将于 12 月 5 日前后来沪，这几天在为他抓紧整理一部分资料，是 1992 年就答应他的，想交卷完事，所以在分秒必争地做，我的书稿只好放一放，真没办法。

问候您爸、妈好。

专此，即颂健康、愉快。

姚辛

96.11.10

小红：

　　天冷了，您好吗？平安无事吧？甚念。

　　办费问题告托也领导没有？他们怎么说？

　　叶耀在前年（94年）《光明日报》内参上发表一篇文章，我完全不知道，他又在今年9月的北京《人物》杂志也发表一篇文章我也不知道。前几天上海一位朋友来信说他看见《人物》杂志了，我才知道，给叶耀去信，他托人带来一份内参和《人物》，今将内参上的文章及《人物》目录复印一份给您，《人物》上的文章太长，不复印了。

　　《内参》上的文章发表已两年多，从中央到地方，无人理睬，算了，已是历史陈迹，拿给您看看，而已而已……

　　但n天忙着为香港王省志先生帮点忙。一个生活在资本主义世界的香港人，热爱左联，决心毕生从事左联研究，且每到一地（外国）必宣传中国左翼文学，如此全心全意，了无为难处，他的真挚，他的热情，真令我们的有些人愧然也。

祝健康愉快

　　　　　　　　　　姚辛 96.11.15.

小红：

天冷了，您好吗？平安无事吧？甚念。

房费问题去找过领导没有？他们怎么说？

叶辉在前年（1994年）《光明日报》内参上发表一篇文章，我完全不知道；他又在今年9月的北京《人物》杂志也发表一篇文章，我也不知道。前几天上海一位朋友来信说他看见《人物》杂志了，我才知道，给叶辉去信，他托人带来一份内参和《人物》，今将内参上的文章及《人物》目录复印一份给您，《人物》上的文章太长，不复印了。

《内参》上的文章发表已两年多，从中央到地方，无人理睬，算了。已是历史陈迹，寄给您看看，而已而已……

这几天忙着为香港王宏志先生帮点忙。一个生活在资本主义世界的香港人，热爱左联、决心毕生从事左联研究，且每到一地（外国）必宣传中国左翼文学，如此全心全意，殊为难得，他的真挚，他的热情，真令我们的有些人愧煞也。

祝健康愉快。

姚辛

96.11.15

小红：

　　寒流袭来，您好嗯。平安无事吧？芬格欣要再加二支（每天），以防万一。

　　鲁迅纪念馆的文章（《涛声》上的）不必急了，您也没有时间，不要去抄，今后由我去抄吧。

　　这些日子我们是为王家志准备资料，起早熬夜，无奈旧书刊、剪报一大堆，翻检来不及，真有"浩如烟海"之感。"天大寒，人大干"，文革中的句话，我们在执行着。

　　王家志来，让他先给您去电话，我已将您的电话告诉他，他如事忙，请记下他的住处、电话，我好去看他。

　　匆匆，祝您的妈、爸平安康健，也祝您
　　无病息灾
　　永远快乐

小红：

寒流袭来，您好吗？平安无事吧？芬格欣要再加二支（每天），以防万一。

鲁迅纪念馆的文章（《涛声》上的）不必急急，您也没有时间，不要去抄，今后由我去抄吧。

这些日子我仍是为王宏志准备资料，起早落夜，无奈旧书刊、剪报一大堆，翻检来不及，真有"浩如烟海"之感。"天大寒，人大干"，"文革"中的这句话，我仍在执行着。

王宏志来，让他先给您去电话，我已将您的电话告诉他，他如来电，请记下他的住处、电话，我好去看他。

匆此，祝您的妈、爸平安康泰，也祝您无病息灾，永远快乐。

姚辛

96.11.30

小红：

　　您姆妈好些了吧？祝福她早日康复！

　　鲁博王世家同志，不久前，寄来《廖沫沙文集》卷10《书信卷》，我回信时再次请他给您寄《鲁迅研究月刊》，顷已得他回音，告知他已给您寄去今年的刊物，请注意查收。

　　香港王宏志先生有没有来电？如有消息请即告，谢谢！

　　《文化志》暂一段落，了以写《引玉集璧传》了，先写三十年代那一部分，材料现成，您先思考一下，我们一同商讨，我可以出些点子。您看怎样？写好了可以争取发表。复此祝

好

　　　　　　　　　　　　　　姚辛

　　96.12.13.

小红：

　　您妈妈好些了吧？祝福她早日康复！

　　鲁博王世家同志不久前寄来《唐弢文集》卷10《书信卷》，我回信时再次请他给您寄《鲁迅研究月刊》，顷已得他回音，告知他已给您寄去今年的刊物，请注意查收。

　　香港王宏志先生有没有来电？如有消息请即告知，谢谢！

　　《文化志》告一段落，可以写《赵家璧传》了，先写30年代那一部分，材料现成的，您先思考一下，我们一同商讨，我可以出些点子，您看怎么样？写好可以争取发表。匆此祝好。

姚辛

96.12.13

because you're someone special
I'm wishing you a wonderful day
full of warm moments
and enough happiness to last
throughout the coming year

小红：

　　所有真正的左翼文化战士，罗曼·罗兰叙之为"伟大的人"和"伟大的行动者"们，我们无限钦敬，"即使他们不曾把浓密的黑暗一扫而空，至少他们在一闪之下已给我们指点了大路。"赵家璧先生是他们之中杰出的一位，愿您赶快动笔，写《赵家璧传》！祝

新年好

　　　　　　　　　　　姚辛 96. 12. 20.

小红：

　　所有真正的左翼文化战士，罗曼·罗兰称之为"伟大的人"和"伟大的行动者"们，我们无限钦敬，"即使他们不曾把浓密的黑暗一扫而空，至少他们在一闪之下已给我们指点了大路"。赵家璧先生是他们之中杰出的一位，愿您赶快动笔，写《赵家璧传》！祝新年好。

姚辛

96.12.20

春节前、不能来上海了。又及

小红：

第　页

　　您好！感谢您真诚的帮忙，
　　我两个月前、寄给夏老一信并附去
我的《左联史》目录一份，而夏老
都一直没收到、那天夏老怎么想也
想不起来，他问方尼同志、她也说没
见过、不知道，真怪！
　　下回，我的材料想请您面送
夏老和方尼同志、好吗？我自己
送到您那里、请您代送，以免遗失。
方尼同志是个很细心很认真的人，
您看她那些文物保存得多么好！
　　请代我多多地问候您她们好，
祝愿她早日康复。并颂
春节愉快
　　　　　　　　　　　　　　　　光明日报社稿纸
　　　　　　　　　　　　　　姚辛
　　　　　　　　　　　　　　97.1.31.

小红：

　　您好！感谢您真诚的帮忙！

　　我两个月前寄给夏老一信并附去我的《左联史》目录一份，而夏老却一直没收到，那天夏老怎么想也想不起来，他问方尼同志，她也说没见过、不知道，真怪！

　　下回，我的材料想请您面送夏老和方尼同志，好吗？我自己送到您那里，请您代送，以免遗失。方尼同志是个很细心很认真的人，您看她那些文物保存得多么好！

　　请代我多多地问候您妈妈好，祝愿您她早日康复。并颂春节愉快。

　　　　　　　　　　　　　　　　　　　　　　　姚辛

　　　　　　　　　　　　　　　　　　　　　　　97.1.31

　　春节前不能来上海了。又及。

小红：

　　遵嘱何各地有关人士征集广州展书画作品，给以下各位写了信粤老特邀通知：

1. 庄启东　左联盟员，作家。
2. 方士人　左联盟员，作家、翻译家。
3. 林林　　左联盟员，诗人、翻译家、中日友协会长。
4. 陈大戈　左联盟员，画家。
5. 甘江　　左联盟员，书法家，原任国防部外事局之发。
6. 高莽　　作家、翻译家、著名人物画家。
7. 李琦　　中央美术学院教授，著名人物画家，60年代；一幅《主席走遍全国》饮誉海内外。

8. 潘翠兹
9. 潘燕
10. 钱矅澄
11. 徐佛华

请常与郑心·伦
以上诸位寄赠画
以便复函申请……

祝好

小红：

    遵嘱向各地有关人士征集广州展书画作品，给以下各位写了信寄去特邀通知：

    1. 庄启东　左联盟员，作家。

    2. 方土人　左联盟员，作家、翻译家。

    3. 林　林　左联盟员，诗人、翻译家，中日友协会长。

    4. 陈大戈　左联盟员，画家。

    5. 甘　迈　左联盟员，书法家，原任国防部外事局局长。

    6. 高　莽　作家、翻译家，著名人物画家。

    7. 李　琦　中央美术学院教授，著名人物画家，60 年代，一幅《主席走遍全国》饮誉海内外。

    8. 潘絜兹　中国工艺美术学院院长，世界一流工笔人物画家。

    9. 潘　燕　优秀中国古典仕女画家，擅长工笔仕女画。

    10. 钱鼎澄　嘉兴著名书法家，他的楷书可称一绝。

    11. 徐佛华　上海书法美术教育家，书画均堪称名家。

    请常与郑心伶同志联系，如收到以上诸位寄赠的作品，请及时通知，以便复函申谢，此事勿误，切切。祝好。

                          姚辛

                          97.3.18

执着坚守的左联研究者
姚辛书信选编

小红：

　　恭贺您升任左联纪念馆副馆长，并祝事业有成！

　　　　　　　　　　　　　　　　　　姚辛

　　　　　　　　　　　　　　　　97.4.26

小红：

　　您好！

　　昨晚翻箱倒柜想找出那两册您所要要的《左联回忆录》，但一直找不到。得过几天才能找出给您。但找到了另外两种书：（一）《三十年代左翼文艺[运动]资料选编》，（二）在启的《一个左联兵士的寻求》。前一种是80年代初四川出的，后一种是香港出的，都已经难以找到，送给您吧。

　　您说您要开始买书了，很高兴，我一定帮您收集资料。

　　法国作家雨果说过："在自己的内心藏着一条巨龙，既是一种苦刑，也是一种乐趣。"

　　是啊，"左联"，不正是一条"巨龙"吗！三十年代，他遨游人间文坛，搅得统治者的天下不得安宁，吓得牛鬼蛇神们好不胆战心惊！从事左联研究，也正是"在自己的内心藏着一条巨龙"，它对我来说，始终是一种"乐趣"，

而绝不会是什么"……

　　1999年是建[党]成立70周年，为3[0]……我决心加点油，也许还有第3本……

　　每逢期末上海，[把]书籍都要要包[住]……

　　小红，您有什……

　　让我们都……的一分力量，做出……华灿灿然而21世……

　　感谢您，感……关心照顾！

　　专此即颂

　　近祺

小红：

　　您好！

　　昨晚翻箱倒柜想找出那两册您所需要的《左联回忆录》，但一直找不到，得过几天才能找出给您。但找到了另外两种书：（一）《三十年代左翼文艺资料选编》，（二）庄启东《一个左联兵士的求索》，前一种是80年代初四川出的，后一种是香港出的，都已经难以找到，送给您吧。

　　您说您要开始买书了，很高兴，我一定帮您收集资料。

　　法国作家雨果说过："让自己的内心藏着一条巨龙，既是一种苦刑，也是一种乐趣"。

　　是啊，"左联"，不正是一条"巨龙"吗？30年代，他遨游人间文坛，搅得统治者的天下不得安宁，吓得牛鬼蛇神们好不胆战心惊！从事左联研究，也正是"让自己的内心藏着一条巨龙"，它对我来说，始终是一种"乐趣"，而绝不会是什么"苦刑"。但愿您也这样！

　　1999年是建国五十周年，2000年又是左联成立七十周年，为了迎接这两个光辉节日，我决心加点油，写出两本书来（如有时间，也许还有第三本），再编一本画册，这几个月每星期来上海，就是加紧搜集资料（几本书稿都需要它们，所以是当务之急）。

　　小红，您有什么计划和打算？

　　让我们都切实地努力一番，献出自己的一分力量，做出自己的一点成绩，迎接光华灿烂的21世纪吧！

　　感谢您，感谢您的爸爸、妈妈对我的关心照顾！

　　专此，即颂近祺。

姚辛

97.6.8

外面的世界很精彩　但我一直惦着着你　您好吗　一切均在想念中

小红：

　　6号"周文诞辰90周年"纪念会开得很好、很成功，向您祝贺！这都是由于您的组织安排得妥善，您出了很多力、花了不少心血。尤其不易的是，夏老（夏征农同志）和王老（王尧山同志）也请来了，这是极有纪念意义的事！

　　祝愿您健康愉快，永远朝气蓬勃，为左联研究事业做更多工作，出更多的力、取得更多的成绩！

　　　　　　姚辛1997.6.8.

A good book is the best of friends, remaining the same forever

小红：

　　6 号"周文诞辰九十周年"纪念会开得很好、很成功，向您祝贺！这都是由于您的组织安排稳妥，您出了很多力、花了不少心血。尤其不易的是，夏老（夏征农同志）和王老（王尧山同志）也请来了，这是极有纪念意义的事！

　　祝愿您健康愉快，永远朝气蓬勃，为左联研究事业做更多工作、出更多的力、取得更多的成绩！

姚辛

1997.6.8

小红：

　　叶灵凤资料送上。

　　可写几篇文章：

　　（1.）《叶灵凤与左联》

　　（2.）《叶灵凤与鲁迅》

　　（3.）《叶灵凤与比亚兹莱》

　　　　《叶灵凤与左联》

　　① 参与左联发起、筹备成立大会；

　　② 被开除出左联（引文件，叙述有关情况；

　　③ 但他仍热心左翼文艺事业（支持鲁迅领导的新兴木刻运动、介绍外国版画，筹）《文艺》

　　④ 对杜衡的态度；

　　⑤ 与左联盟员仍保持交往（《文缅》

　　① 《我们》

发表的因由。

叶灵凤的答

先写这一

祝好

小红：

　　叶灵凤资料送上。

　　可写几篇文章：

　　（1）《叶灵凤与左联》

　　（2）《叶灵凤与鲁迅》

　　（3）《叶灵凤与比亚兹莱》

　　《叶灵凤与左联》

　　①参与左联发起，出席成立大会；

　　②被开除出左联（引文件，叙述有关情况）；

　　③但他仍热心左翼文艺事业（支持鲁迅领导的新兴木刻运动、介绍外国版画等），《六艺》

　　④对杜衡的态度；

　　⑤与左联盟员仍保持交往（《文艺画报》）；

　　⑥《我们对于文化运动的意见》发表的因由。左联成员的签名。叶灵凤的签名说明什么。

　　先写这一篇，其余陆续写。祝好。

姚辛

97.7.13

小红：

　　您好！昨天累了吧？这星期要好好休息了。

　　下午去夏老家，夏老给上图筹建中图书馆写了信介绍我的情况，并由李秘书陪我去上图，由办公室任永第同志接待，我向他汇报了我的规划，提出要去书库查阅珍本刊物，他说要向领导汇报后由来电告诉我，我把你的电话（住处的）以及办公室的电话号给他了。由他今后去电话请您转告。此事请注意一下。谢谢！

　　夏老的"紫藤证书"已收受。那所的已由传也室转交，全收到了。

　　拿上新出的《上海殷夫》，请您仔细看究竟是谁，说明文字不是殷夫而是李伟森。丁老的《左联五烈士》仔细对照一下，给他们纠正一下，我问他们殷夫。

　　问候全家安好

　　　　祝

　　夏日安亭

小红:

　　您好！昨天累了吧？这星期要好好休息了。

　　下午去夏老家，夏老给上图吴建中副馆写了信介绍我的情况，并由李秘书陪我去上图，由办公室任永弟同志接待，我向他汇报了我的概况，提出要去书库查阅珍本刊物，他说要向领导汇报后再来电告诉我，我把你的电话（住处的）及办公室的电话写给他了，由他给您去电话，请您转告。此事请注意一下。谢谢！

　　夏老的"荣誉证书"已面交。陈沂的已留传达室转交，会收到的。

　　寄上新出的《上海文化报》一张。这回写的是殷夫，请您仔细看看，文章头上的画像画的究竟是谁？说明文字是殷夫像，但我认为不是殷夫而是李伟森，您看是谁？请同丁先生《左联五烈士研究资料编目》中有的照片仔细对照一下，给《上海文化报》编辑部去个电话纠正一下，我向他们提出，他们硬说不错，是殷夫。

　　问候全家安好。祝夏日安宁。

姚辛

97.7.25

小红：

　　《鲁研资料汇编》索引
您看一下，如需要什么文章
我去复印。

　　第1卷里有一篇叶灵凤的，
过几天复印给您。

　　祝

合情愉快

姚辛
97.9.3.

小红：

　　《鲁研资料汇编》索引您看一下，如需要什么文章，我去复印。

　　第一卷里有一篇叶灵凤的，过几天复印给您。

　　祝心情愉快。

姚辛

97.9.3

第　页

小红：

身体好吗？药石一定很有效吧？
自因您的病定能得到根治了，为您高兴、
为您祝福，盼望十月底，一个更加康
健、今后再不会受到病魔折磨的小红
胜利归来！

我仍然天天为加速搜集资料、请人
拍照在忙着。又搜集到不少有价值的
图片。我的时间表要提前：《左联画史》
争取在十月完成、送出。从目前情况看
完全有了能。

多谢您好姐，又帮了我的大忙：借给
我500元资料费，又为解决不少问题了。真
谢谢您们全家，多保重！祝

药到病除
健康愉快

姚辛
97.9.24.

小红：

　　身体好吗？药石一定很有效吧？这回您的病定能得到根治了，为您高兴、为您祝福！盼望十月底，一个更加康健、今后再不会受到病魔折磨的小红胜利归来！

　　我仍是天天为加速搜集资料、请人拍照片忙着。又搜集到不少有价值的图片。我的时间表要提前：《左联画史》争取在十月完成、送出。从目前情况看完全有可能。

　　多谢您妈妈又帮了我的大忙：借给我500元资料费，又可解决不少问题了。真谢谢你们全家！多保重！祝药到病除，健康愉快。

　　　　　　　　　　　　　　　　　　　　姚辛

　　　　　　　　　　　　　　　　　　　　97.9.24

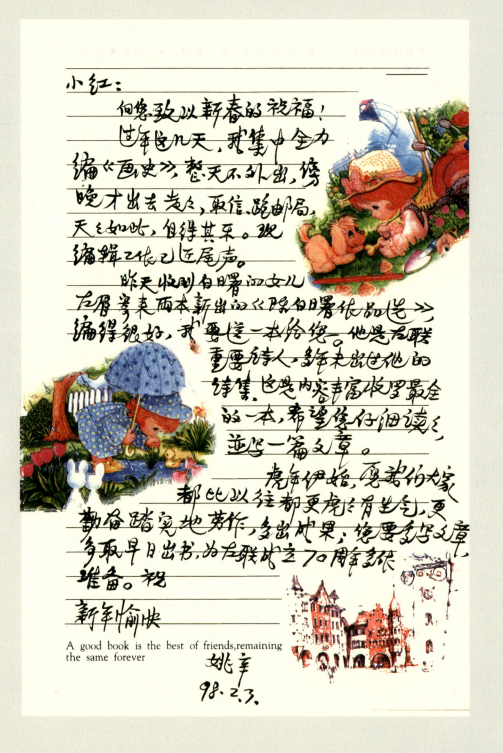

小红：

　　仅您致以新春的祝福！

　　过年这几天，我集中全力编《画史》整天不外出，傍晚才出去走走，取信、跑邮局，天天如此，自得其乐。这编辑工作已近尾声。

　　昨天收到白曙的女儿左眉寄来两本新出的《陷白曙很品选》，编得很好，我要这一本给您。他是左联重要诗人，多年来出过他的诗集，这是内容丰富收罗最全的一本，希望您仔细读之，并写一篇文章。

　　虎年伊始，愿我们大家都比以往都更虎虎有生气，更勤奋踏实地劳作，多出成果；您要多写文章，争取早日出书，为左联成立70周年多做准备。祝

新年愉快

A good book is the best of friends, remaining the same forever

　　　　　　姚辛
　　　　　　98. 2. 3.

小红：

向您致以新春的祝福！

过年这几天，我集中全力编《画史》，整天不外出，傍晚才出去走走，取信、跑邮局，天天如此，自得其乐。现编辑工作已近尾声。

昨天收到白曙的女儿左眉寄来两本新出的《陈白曙作品选》，编得很好，我要送一本给您。他是左联重要诗人，多年未出过他的诗集，这是内容丰富收罗最全的一本，希望您仔细读读，并写一篇文章。

虎年伊始，愿我们大家都比以往都更虎虎有生气，更勤奋踏实地劳作，多出成果；您要多写写文章，争取早日出书，为左联成立七十周年多作准备。祝新年愉快。

姚辛

98.2.3

致张小红的信

1998.3.25（一通四页）

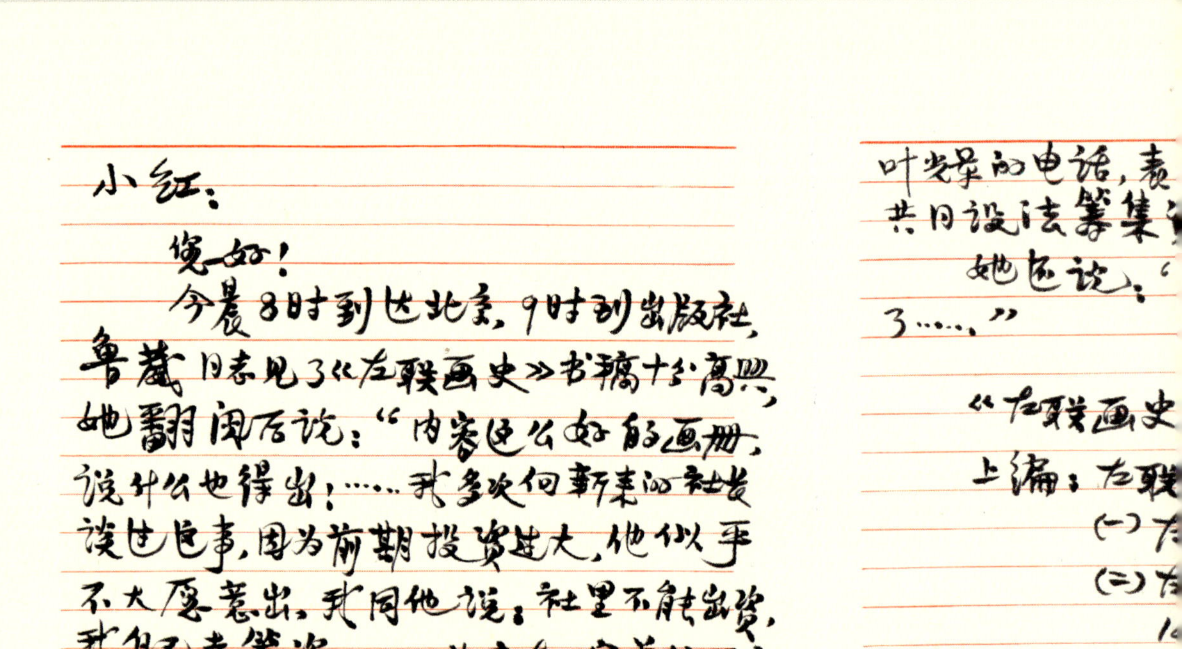
小红：

您好！

今晨8时到达北京，9时到出版社，鲁薇同志见了《左联画史》书稿十分高兴，她翻阅后说："内容这么好的画册，说什么也得出！……我多次向新来的社长谈过这事，因为前期投资过大，他似乎不大愿意出。我同他说：社里不能出资，我自己去筹资！……北京有一家单位愿意出资跟我们合出，但那样，这本书就是人家的了！……"

她一口气讲了一大串话，可见她是仔细考虑过此事的。鲁薇是个很有思想也很有能力的人。她问我，这书稿给谁看过？我说：前几天给叶淑穗看过，叶淑穗表示要写文章先报道一下，这样会引起关注，又于筹集资金有利。她当即要去了

星光

叶淑穗的电话，表

共同设法筹集

她还说："

了……"

《左联画史

上编：左联

(一) 左

(二) 左

1

(三)

(四)

(五)

(六)

(七) 1

下编：左联

(一) 左

(二) 左

(三)

星光

小红：

　　您好！

　　今晨8时到达北京，9时到出版社，鲁葳同志见了《左联画史》书稿十分高兴，她翻阅后说："内容这么好的画册，说什么也得出！……我多次向新来的社长谈过这事，因为前期投资过大，他似乎不大愿意出，我同他说：社里不能出资，我自己去筹资！……北京有一家单位愿意出资跟我们合出，但那样，这本书就成了人家的了！……"

　　她一口气讲了一大串话，可见她是仔细考虑过此事的。鲁葳是个很有思想，也很有能力的人。她问我，这书稿给谁看过？我说：前几天给叶辉看过，叶辉表示要写文章先报道一下，这样会引起关注，对筹集资金有利。她当即要去了叶辉的电话，表示要跟他取得联系，共同设法筹集资金。

　　她还说："这样的书，也只有您了……"

　　《左联画史》内容如下：

　　上编：左联的历程

　　（一）左联的筹备与成立

　　（二）左联的主要活动（共有14项）

　　（三）北方左联与东京左联

　　（四）与左联有关的人士与作家

　　（五）与左联有关的报刊

　　（六）与左联有关的书籍

　　（七）国民党的文化"围剿"

　　下编：左联的文学

　　（一）左联盟员与作品

　　（二）左联盟员的翻译

　　（三）左联与电影

3.

共计十部分，重点是上编的（一）（二）（四）（五）（六）（七）和下编的（一）（二）。

全书共计图片及文字资料1210幅，去掉文字126篇（片断），实有图片1084幅，其中少量取自报刊，如鲁迅像、瞿秋白像、茅盾像等，我个人收藏、翻拍的各类照片共计887幅，盟员照片130余幅，有不少孤本、珍本。

我以前跟鲁藏讲，是估计图片100—200幅，现在是多了四、五倍了，但些还是我反复考虑、不断淘汰、多次筛选才定下来的，有一大批图片没有用上去。

鲁藏还问了我搜集资金（图片资料的）向题，我一一讲了有关各方面的情况。

社里的副总编姚姚同志也是一位

很有水平的领导，我也是十分赞……开会了，也没见……

北京天气暖……想去拜访楼老（……住医院了，但不知……他的儿子，也没找……又这……又去李……只得到几家书店……也是住在光明……

要等书稿定……要再等了。今天……

上海阴冷多……感冒。问候全家……

此颂

健康愉快

共计十部分，重点是上编的（一）（二）（四）（五）（六）（七）和下编的（一）（二）。

　　全书共计图片及文字资料 1210 幅，去掉文字 126 篇（片断），实有图片 1084 幅，其中少量取自报刊，如鲁迅像、瞿秋白像、茅盾像等，我个人收藏、翻拍的各类照片共计 887 幅，盟员照片一百三十余幅，有不少孤本、珍本。

　　我以前跟鲁葳讲，是估计图片 100—200 幅，现在是多了四五倍了，这些还是我反复考虑、不断淘汰、多次筛选才定下来的，有一大批图片没有用上去。

　　鲁葳还问了我搜集图片资料的资金问题，我一一讲了有关各方面的情况。

　　社里的副总编安然同志也是一位很有水平的领导，业务能力很强，对我也是十分鼓励支持的，这几天出去开会了，还没见到他。

　　北京天气暖和，下午专程去团结湖想去拜访楼老（楼适夷），邻居说他又住医院了，但不知道住哪家医院，又去找他的儿子，也没找到人，白跑一趟了，路又远……又去李何林家，也没找到人。只得到几家书店看看。

　　还是住在光明日报招待所。

　　要等书稿定下来才能回家，估计要再等五六天。

　　上海阴冷多雨，您要多穿一点，不要感冒。问候全家安好。

　　此颂健康愉快。

姚辛

98.3.25 夜

中 华 读 书 报

小红：

您好！

寄上两信谅已收到。您妈之身体好些了吧？念之。

《左联画史》决定出版，议为内容丰富、系统、材料珍贵、难得。投资要20～25万元，已与一家文化公司讲妥，共同出版此书，另外还要设法筹些款，大家分头进行。责编鲁藏同志提了些看法，总的是希望把彩色照片集中在一起（书现在是按内容系统分的）里的照片也集中在一起，今后印刷c²数方便，可以节省一些费用。

我原想在北京补完缺少的少量照片，

中 华 读

鲁藏同解放军文艺联系好，拟请社里翻拍照片，但因事我又不能久住北京上海再办。

但几天每天跑去复印（缩微胶卷但时间长——要上图无此设备）

去拜访了陈企李何林先生的儿子儿子、媳好特别热一张1931年的照片

您好吗？多保

一切安好

小红：

　　您好！

　　寄上两信该已收到。您妈妈身体好些了吧？念念。

　　《左联画史》决定出版，认为内容丰富、系统，材料珍贵、难得。投资要20万元至25万元，已与一家文化公司讲好，共同出版此书，另外还要设法筹些款，大家分头进行。责编鲁葳同志提了一些看法，总的是希望把彩色照片集中在一起（我现在是按内容系统分的），黑白照片也集中在一起，今后印刷比较方便，可以节省一些费用。

　　我原想在北京补充缺少的少量照片，鲁葳同解放军文艺出版社程社长已联系好，请社里的摄影师帮我翻拍照片，但因寻找资料很困难，我又不能久住北京，考虑再三，还是回上海再办。

　　这几天每天跑北图查资料，然后复印（缩微胶卷，可以还原复印，但时间长——要一星期才能拿到。上图无此设备），过几天才能回家。

　　去拜访了陈企霞的夫人子女和李何林先生的儿子、媳妇，李何林的儿子、媳妇特别热情友好，借给我一张1931年的照片让我带回上海翻拍。

　　您好吗？多保重！祝一切安好。

姚辛

98.3.31. 北京

中华读书报

小红：

　　你们大家都好吗？念念。

　　《左联画史》出版问题已定：印7000册，两个单位共同投资（各一半），那家合作单位主动提出包销5000册。原先以为印3000册销路都成问题，有点担心。现在他们一家就提出包销五千，出版社胆子就大了。（那家公是仔细看了书的全部稿子后才作出如上决定的）。他们还希望不要册，内容丰富，还怕书不难已给我看了意向书，社长已批准。现在只等出外开会的总编辑回来看一下，如他同意，就了正式生效。

　　<u>此事对外保密，不要声张，切切！</u>

中华读

　　这几天天天跑主到，要预约的，不是浪费时间。有的复已这两天还要首都昨天去中央档案馆来回浪费整整一天

　　去拜访了几位几乎谈不出什么事

　　多保重！

　　专此即颂

安好

小红：

　　你们大家都好吗？念念。

　　《左联画史》出版问题已定：印 7000 册，两个单位共同投资（各一半），那家合作单位主动提出包销 5000 册。原先以为印 3000 册销路都成问题，有点担心，现在他们一家就提出包销 5000，出版社胆子就大了。（那家公司是仔细看了我的全部稿子后才作出如上决定的），他们还希望不要删，且可再增加一些，要求内容丰富，这当然不难。已给我看了意向书，社长已批准，现在只等出外开会的总编辑回来看一下，如他同意，就可正式生效。

　　此事对外保密，不要声张，切切！

　　这几天天天跑北图，有些资料当天拿不到，要预约，下星期才能看到，真麻烦，浪费时间。有的复印也慢，要等三、五天。这两天还要去首都图书馆等几个单位。昨天去中央档案馆，一无所得，路又远，来回浪费整整一天。

　　去拜访了几位老先生，都是八九十的人了，几乎谈不出什么事，比十年前差远了。

　　多保重！专此，即颂安好。

姚辛
98.4.7

小红：

你们大家都好吗？念念。

今天上午合作单位的总经理来谈《左联画史》具体出版问题，据他说：经重新核算，成本投资约需30万元（而不是20万元），全部铜版纸印，今后书的定价大的每册要五、六百元，我认为有些不切实际，当场我就提出疑问，计算是否有误？

但合作之因为不认识我，对书稿也吃不准，把全部书稿拿到鲁迅博物馆请陈漱渝看，陈看了书稿认为很有价值（有文献史料价值、欣赏价值、参考价值等），只要印得好，必定受欢迎，所以但任总经理很放心了，信心很足，表示一定要印得精致些，但纸张好、装帧好、书价必定贵，陈建议印两种本子：

（一）精装本，定价可高些，供研究者、收藏者选购（一切照书稿原样印，书400多幅彩色照片要精印）；

（二）印平装本，把彩色照片全部黑白照。我不同也赞成我的意别问纸张以降值她们还在那里争晚上回来写了一用书面重申我的请收。

中午吉多处我使用鲁迅藏书我找不到的，同收费特贵：每张

天气忙着跑此每天回宿舍都要七多保重！祝全

安吉

小红：

你们大家都好吗？念念。

今天上午合作单位的总经理来谈《左联画史》具体出版问题，据他说：经重新核算，成本投资约需 30 万元（而不是 20 万元），全部铜版纸印，今后书的定价大约每册要五六百元，我认为有些不切实际，当场我就提出疑问，计算是否有误？

这个头头因为不认识我，对书稿也吃不准，把全部书稿拿到鲁迅博物馆请陈漱渝看，陈看了书稿认为很有价值（有文献史料价值、欣赏价值、参考价值等等），只要印得好，必定受欢迎，所以这位总经理很放心了，信心很足，表示一定要印得精致些，但纸张好，装帧好，书价必定贵，陈建议印两种本子：

（一）精装本，定价可高些，供研究者、收藏者选购（一切照书稿原样印，书四百多幅彩色照片要精印）；

（二）印平装本，为降低成本及定价，把彩色照片全部印成黑白，即全部是黑白照。我不同意并当场表了态。鲁葳也赞成我的意见。她认为可以改用别的纸张以降低成本及定价。因为她们还在那里争论，我就先走了。晚上回来写了一份《郑重声明》，再次用书面重申我的意见，今将副本附上，请收。

中午去鲁迅博物馆，他们破例允许我使用鲁迅藏书，其中有多种左联作品是我找不到的，同意我请人来拍书影，但收费特贵：每张 10 元，因为这是文物！

天天忙着跑北图，路远，来回二、三小时，每天回宿舍都要七点多，也不大累。

多保重！祝全家安吉。

姚辛

98.4.10

郑重声明

作为《左联画史》的作者，我谨郑重声明：不同意将书中彩色照片改印成黑白照片制成平装本。那将是对我辛勤劳动的不尊重，对投资方的影响也不好，更是对读者审美感情而漠视。

平装本，即使用普通报纸印制彩色图片也赏心悦目，《生活时报》的彩图不是很好看吗？为使平装本降低成本，我建议就用普通报纸印。

是否可行请酌。

谨呈

三编室

姚辛
1998.4.60.

星光

郑重声明

　　作为《左联画史》的作者，我谨郑重声明：不同意将书中彩色照片改印成黑白照片制成平装本。那将是对我辛勤劳动的不尊重，对投资方的影响也不好，更是对读者审美感情的漠视。

　　平装本，即使用普通报纸印制彩色图片也赏心悦目，《生活时报》的彩图不是很好看吗？为使平装本降低成本，我建议就用普通报纸印。

　　是否可行请酌。

　　谨呈三编室。

姚辛

1998.4.10

光明日报出版社

（　　）字第　　号

小红：

　　你们大家都好吗？念之。

　　出版社要我留在北京改稿子（精心改编一下，把彩色图片集中一起，印刷起来方便，又降低成本），近期不能回家了。在北京也还要补充一些资料，已在北图拍了川芝照片，今明天要去首图、鲁博拍摄，以便补些。又去拜访了几位左联盟员，又征集到几张珍贵照片，不虚此行了。

　　从今晚起改睡在副总编办公室里，招待所住了之百多元，住不起了。

　　寄上书三本请收。祖

姚辛

28.4.15. 夜

小红：

　　你们大家都好吗？念念。

　　出版社要我留在北京改稿子（稍为改编一下，把彩色图片集中一起，印刷起来方便，可降低成本），近期不能回家了。在北京也还要补充一些资料，已在北图拍了几张照片，今明还要去首图、鲁博拍摄，以便补进去。又去拜访了几位左联盟员，又征集到几张珍贵照片，不虚此行了。

　　从今晚起改睡在副总编办公室里，招待所已付了六百多元，住不起了。

　　寄上书三本请收。祝安健。

姚辛

98.4.15 夜

①

光明日報出版社

（　）字第　号

小红：

您好！三本书收到吗？是穿到馆里的。

昨天去鲁迅博物馆拍照，看到了许多鲁迅先生的藏书，其中不少是当年左联作家送给鲁迅的，如徐懋庸译的《小鬼》（德国柯罗古勃著），柳倩《生命的微痕》等；还有一些外间从未见过，如《萧三的诗》，小开本，许多苏联出版的，传入国内的绝少，陈子鹄的《宇宙之歌》，我多年寻访不著，此次也见到了；还有沈叔之（沈端先）译的德国小说《战后》，茅盾译《文凭》初版本，谷风、欧阳山合译的《野性的呼声》（美国杰克·伦敦著），罗白（赵德尊）《秋罗集》，以及

《冰流》、《综合》稀有的版本，而且……跟刚出版的一样，书影，都将补充到使此书增色不少（他现在提拔为……料室主任）等……

前些时，鲁藏文艺出版社的……拍了一卷黑白照（资料费180元，冲36张照片结果……还不知能否印入

小红：

　　您好！三本书收到了吗？是寄到馆里的。

　　昨天去鲁迅博物馆拍照，看到了许多鲁迅先生的藏书，其中不少是当年左联作家送给鲁迅的，如徐懋庸译的《小鬼》（俄国梭罗古勃著）、柳倩《生命的微痕》等；还有一些外间从未见过，如《萧三的诗》，小开本，当年苏联出版的，传入国内的绝少；陈子鹄的《宇宙之歌》，我多年寻访不着，这次也见到了；还有沈叔之（沈端先）译的德国小说《战后》，茅盾译《文凭》初版本，谷风、欧阳山合译的《野性的呼声》（美国杰克·伦敦著），罗白（赵德尊）《秋罗集》，以及《冰流》、《综合》、《盍旦》等等，都是稀有的版本，而且每一本都是簇新、挺刮的，跟刚出版的一样，见了真叫人高兴。这些珍贵书影，都将补充到《左联画史》中去，使此书增色不少，这都是由于陈漱渝（他现在提拔当副馆长了）、杨燕丽（资料室主任）等的帮忙，深为感激。

　　前些时，鲁葳为我请了一位解放军文艺出版社的摄影师，去首都图书馆拍了一卷黑白照（30年代刊物图片），付了资料费180元、冲印费110元共计290元，36张照片结果只有12张勉强可以，还不知道能否印入《画史》，其余都

致张小红的信
1998.4.25
097

光明日報出版社 ③
（　　）字第　　号

曝光或者模糊，糟糕极了，又不能发牢骚，还得跟人家客气。因为是鲁葳请的（她也不知此人的技术如何，只是认识已久，……）这回我自己找到一位摄影师，开小店的个体户，因为是营业的，且看了他拍的许多照片，相信技术是好的，而且他一再~~保证~~，翻拍质量可以保证，但不知究竟如何。

天气多变，望多珍摄。

祝愿
一切如意

姚辛
98.4.25

是曝光或者模糊，槽糕极了，又不能发牢骚，还得跟人家客客气气，因为是鲁葳请的（她也不知此人的技术如何，只是认识已久……）这回我自己找到一位摄影师，开小店的个体户，因为是营业的，且看了他拍的许多照片，相信技术是好的，而且他一再表示，翻拍质量可以保证，但不知究竟如何。

天气多变，望多珍摄。

祝愿，一切如意。

姚辛

98.4.25

光明日报出版社　　⑴

小红：

　　你们大家都平安无事吧？念念。

　　汇款400元今日才收到，我和鲁藏都去问过，都答：没有来过，今天我又去收发室问另一同志，仔细查了查，原来早已来了：是13日到的，到今天已十天了。

　　出版社预支给我的二千元和鲁藏借我的一千元，三千多元付了拍照片，还原复印资料及打印说明，这几天还有一些照片费用要付，正着急，您的钱来了，雪中送炭，雪中送炭，万分感激！

光明日报

两个月来，白天《画史》要补的书稿，"五一"劳动节双休日，五天时间在办公室里修改全部完工，修改内容如下：

甲编
一、左联的筹备
二、北方左联
三、左联盟员
四、左联的主

小红：

你们大家都平安无事吧？念念。

汇款 400 元今日才收到，我和鲁葳都去问过，都答：没有来过。今天我又去收发室问另一同志，仔细查了查，原来早已来了：是 13 日到的，到今天已十天了。

出版社预支给我的二千元和鲁葳借我的一千元，二千多元付了拍照片。还原复印资料及打印说明，这几天还有一些照片费用要付，正着急，您的钱来了，雪中送炭、雪中送炭，万分感激！

两个月来，白天去北图、首图，找寻《画史》要补的资料，晚上就整理书稿，"五一"劳动节的三天和上星期双休日，五天时间我足不出户，全天在办公室里修改整理书稿，现已全部完工，修改后的《左联画史》内容如下：

甲编　左联的历程

一、左联的筹备与成立；

二、北方左联；

三、左联盟员群像；

四、左联的主要活动；

五、与左联有关的人士和作家；

六、与左联有关的书籍。

③

光明日报**出版社**

五、与左联有关的人士和作家；
六、与左联有关的书籍。

乙编 左联的文学

一、左联的创作；
二、左联的翻译；
三、左联的刊物及其他；
四、左联与电影。

丙编 国民党的文化围剿

一、查禁、取缔左联；
二、禁书烧书；
三、杀害了烈士；
四、丁玲被捕；
五、"徐、何事件"。

光明日报

所要

按照出版社把
中的剪照集中花一起
好看多了，当照顾版
搭配，一个作家的
一起，有割裂之感

原来本支左联
用资料较少，不能
《左联与电影》
北京例批判一些
翻拍了不少照片（
报都不给你看的
三十年代·电影刊物

乙编　左联的文学

一、左联的创作；

二、左联的翻译；

三、左联的刊物及其他；

四、左联与电影。

丙编　国民党的文化"围剿"

一、查禁、取缔左联；

二、禁书烧书；

三、杀害五烈士；

四、丁玲被捕；

五、"徐、何事件"。

　　按照出版社的要求，把著作、刊物两部分中的彩照集中在一起，鲜明突出，比原先好看多了，为照顾版面，必须注意色彩适当搭配，一个作家的几种书不能集中在一起，有割裂之感，但也只得这样。

　　原来东京左联和北方左联另列一节，因资料较少，不能独立了。

　　"左联与电影"这一部分资料难找，北京倒找到一些，解决大问题了，翻拍了不少照片（报纸上的，上海是连原报都不给你看的）。中国电影资料馆三十年代电影刊物根本不给你看，只能看胶卷；翻拍一张旧照片要50元，令人咋舌，

光明日报出版社

看胶卷，翻拍一张旧照片要50元，令人咋舌，只好不去请教国。

北京那家合作单位提出要两个书号，出精、平装两种，社里不同意；他们又提出精装本定价每本500—600元，〈这样他们可以三、四折的批发价批出，短期获暴利〉，出版社不同意，现已决定不同他们合作了。只同意今后出书后由他们经销一部分书。

寄去的《鲁迅研究月刊》和另一小包书收到了吧？专此奉复，即颂

近安

98.5.28 姚辛

只好不去请教。

　　北京那家合作单位提出要两个书号出精、平装两种，社里不同意；他们又提出精装本定价每本 500 元至 600 元，（这样他们可以三、四折的批发价批出，短期获暴利），出版社不同意，现已决定不同他们合作了。只同意今后出书后由他们经销一部分书。

　　寄去的《鲁迅研究月刊》和另一小包书收到了吧？专此奉复，即颂近安。

姚辛

98.5.23

小红：

　　您好！

　　关于夏老的文章该动手写了吧？我的书过几天送上。

　　这几天清理账务，结果如下：

　　（一）翻拍照片1760张，共计15551元（上海尚欠数千元）；

　　（二）住各图书馆、鲁博等资料费3600元；

　　（三）付火车票、汽车票、宿费等2142元；以上共计21293元（据现存票证计算，伙食费、打字费未算）。

　　《左联画史》所得，仅此而已。这不算投入的时间与精力！

　　总算告一段落。

　　高温又要来了，你们大家都要当心呀！多保重，祝

夏日安好

　　　　　　　　　　　　　　姚辛

　　　　　　　　　　　　　98.8.2.

小红：

　　您好！

　　关于夏老的文章该动手写了吧？我的书过几天送上。

　　这几天清理账务，结果如下：

　　（一）翻拍照片 1760 张，共计 15551 元（上海尚欠数千元）；

　　（二）付各图书馆、鲁博等资料费 3600 元；

　　（三）付火车票、汽车票、宿费等 2142 元；

　　以上共计 21293 元（据现存票证计算、伙食费、打字费未算）。

　　《左联画史》所得，仅此而已，还不算投入的时间与精力！

　　总算告一段落。

　　高温又要来了，你们大家都要当心啊！多保重，祝夏日安好。

　　　　　　　　　　　　　　　　　　　　　　　姚辛

　　　　　　　　　　　　　　　　　　　　　　　98.8.2

小红：

夏日炎炎，祝焕丰精神好、身体好！

夏虎几篇文章的复印件上午寄出，是复印馆里印的，先翻墨起来。

去图书馆收到8.4来信，中午即拟了一百余论文题目，还有一些下次补寄（明后天）。

先把约稿者的地址准备好，如缺少的，我这里有地址可以洽询。

这几天我忙着写稿，成绩不错。

加藤三由纪已来信。

专此即颂

暑安

姚辛
98.8.14

小红：

　　夏日炎炎祝您精神好、身体好！

　　夏老几篇文章的复印件上午寄出，是寄到馆里的，先熟悉起来。

　　去图书馆收到 8.4 来信，中午即拟了一百个论文题目，还有一些下次补寄（明后天）。

　　先把约稿者的地址准备好，如缺少的，我这里有地址的我可给您。

　　这几天我忙着写稿，成绩不错。

　　加藤三由纪已来信。

　　专此，即颂暑安。

　　　　　　　　　　　　　　　　　　　　姚辛

　　　　　　　　　　　　　　　　　　　　98.8.14

小红：

华兄去夏老家，《左联画史》资金问题，他说去向市委宣传部商量，请他们支持10—15万元，等说能借给这笔就好以了，出书后销掉部分书即可归还。此事他去联系，结果如何，夏老会通知您，请您代书去听回音。

小书3本送给您。

方屈送我4包米面，是夏老家乡的土产，送给您2包，大家煮着吃吧，也好做菜。

书已要去长字路，傍晚要赶回去，过几天再来。

祝

好

姚辛
98.9.8.

小红：

　　中午去夏老家，《左联画史》资金问题，他说去同市委宣传部商量，请他们支持 10 万元至 15 万元，我说能借给这笔就可以了，出书后销掉部分书即可归还。此事他去联系，结果如何，夏老会通知您，请您代我去听回音。

　　小书 3 本送给您。

　　方尼送我 4 包米面，是夏老家乡的土产，送给您 2 包，大家煮着吃吧，也可做菜。

　　我还要去长宁路，傍晚要赶回去，过几天再来。祝好。

姚辛

98.9.8

小红：

　　数信悉。身体怎样，老毛病是否有严重起来的趋势。天气一冷一热，容易发病，如实在支持不了，是否请几天假休息几天？

　　出《左联70周年论文集》局能同意吗？经费要落实。最怕是到时候头一句话："不出了。"大家白辛苦。此事一定要落实。

　　《陶晶孙百年纪念集》名义署"张小红编"，不能署别人的名。

　　关于《左联画史》经费事，北京无消息，7月13日夏藏来杭，我去看她，谈及两点：

　　（一）如实在无法，仍去找那家公司合作，那只好出版社让点步。

　　（二）为节省出版费用，她初步来虑，是否减少些内容。保留700幅，也就是说删去500幅。

　　北京将出《老舍画传》收照片1000幅。左联有那么多盟员以及各类朋友，那么多活动，700幅图怎能说明什么问题，那样，就不是《画史》了。按照情况，1200幅非但不能减，如有了钱，还应当补充（当然还要看我们的客观条件，如经济、时间等）。我已去信你了说明。

　　叶翠围想了一篇文章为我呼吁一下，稿已给我看过，给了点修改，但还未发，他10日要出差去找陕前线。

　　《左联史》正紧张进行中，尚称顺利，内容复杂，进度不快。

　　前天一位杭州大学学生陪我去了一次乌镇，参观了茅盾纪念馆，又去石门镇参观缘缘堂丰子恺故居，很高兴。缘缘堂你后来去过吗？没有去过，可以去看看。11月9日是丰子恺百年诞辰，新建的"丰子恺漫画馆"举行典礼，你高兴去吗？我想去看看，如你愿去的话我们一起去，到时候根开忙的。

　　　祝
　　多多保重，无病息灾！

　　　　　　　　　　　　　　　　　　　姚辛
　　　　　　　　　　　　　　　　　　98.9.9下午

小红：

9.5 信悉。身体怎样？老毛病是否有严重起来的趋势？天气一冷一热，容易发病，如实在支持不了，是否请几天假休息几天？

出《左联七十周年论文集》局长同意了吗？经费要落实，最怕是到时候头头一句话："不出了！"大家白辛苦。此事一定要落实。

《陶晶孙百年纪念集》应当署"张小红编"，不能署别人的名。

关于《左联画史》经费事，北京无消息，7 月 13 日鲁葳来杭，我去看她，谈及两点：

（一）如实在无法，仍去找那家公司合作，那只好出版社让点步；

（二）为节省出版费用，她初步考虑，是否减少些内容：保留 700 幅，也就是说删去 500 幅。

北京将出《老舍画传》，收照片 1000 幅。左联有那么多盟员以及各类朋友，那么多活动，700 幅图片能说明什么问题，那样，就不是《画史》了，按照情况，1200 幅非但不能减，如有可能，还应当补充（当然这要看我的客观条件，如经济、时间等）。我已去信作了说明。

叶辉写了一篇文章想为我呼吁一下，稿已给我看过，作了点修改，但还未发，他 10 日要出差去抗洪前线。

《左联史》正紧张进行中，尚称顺利，内容复杂，进度不快。

前天一位杭州大学学生陪我去了一次乌镇，参观了茅盾纪念馆，又去石门镇参观缘缘堂丰子恺故居，很高兴。缘缘堂您去过吗？没有去过，可以去看看。11 月 9 日是丰子恺百年诞辰，新建的"丰子恺漫画馆"落成典礼，您高兴去吗？我想去看看，如您愿去的话我们一起去，到时候很闹忙的。

祝多多保重，无病息灾！

姚辛

98.9.9. 下午

颜雄要《词典》，已寄去，尊湖南
师大中文系，前几年他跟我通过信况。
　　　　　　　　　　　　　　　　　　　　又及

小红：
　　前日赴沪未得见面，甚为遗憾。
不知身体怎样？医生怎么说？最近
吃什么药？注意休息，不要再发病呀！
　　寄上剪报一张，请送与行长，使他
更了解《左联画史》情况。
　　使中您在和他谈之，能否多一点，
问之今后怎么算？利息多少？何时归还？
……等之，越具体越好。如要同北京
光明日报出版社联系也行：
　　安双（副总编）
　　鲁藏（《左联画史》电话
　　　　　责任编辑）　　　　　（办公室）
通信处：

　　此事要您多操心了，拜托！
　　专此　即颂
健康愉快
　　　　　　　　　　　　　姚辛
　　　　　　　　　　　　　98.10.15.

16开书写稿各纸　　（204-80）　　第　　页

小红：

前日去沪未得晤面，甚为遗憾，不知身体怎样？医生怎么说？最近吃什么药？注意休息，不要再发病啊！

寄上剪报一张，请送马行长，使他更了解《左联画史》情况。

便中您再和他谈谈，能否多一点，问问今后怎么算？利息多少？何时归还？等等，越具体越好。如要同北京光明日报出版社联系也行：

安然 （副总编）

鲁葳（责任编辑）《左联画史》电话……（办公室）

通信处：……

此事要您多操心了，谢谢！

专此即颂健康愉快。

姚辛

98.10.15

颜雄要《词典》，已寄去，寄湖南师大中文系，前几年他跟我通过信的。又及。

光明日报出版社

（　　）　字第　　号

小红：您好！

　　我于4日抵京，5日拿到《左联画史》样书，全部书封面要压膜，环衬要用蓝色纸，都还没有做好。10日以后才能陆续完工。书印得不错，封面设计也可以，内纸和硬封面都好，照片、书影都还好，足以表明左联业绩、成就的内容基本做都有了。

　　原定印3000册，后社长指示印2000册，减少1000册，32％减去不少投资。

　　大概给我100本书，不给稿费了，免伤脑筋。10号以后书出来，我要去各处推销。上海方面要请您帮忙了。

　　北京大雪，冷冷，我还好，不怎样怕冷。你们大家多保重。祝

安好

姚辛

2000.1.7.

小红：您好！

我于 4 日抵京，5 日拿到《左联画史》样书，全部书封面要压膜、环衬要用蓝色纸，都还没有做好，10 日以后才能陆续完工。书印得不错，封面设计也可以，内纸和硬封面都好，照片、书影都还好，足以表明左联业绩、成就的内容基本的都有了。

原定印 3000 册，后社长指示印 2000 册，减少 1000 册，可以减去不少投资。

大概给我 100 本书，不给稿费了，很伤脑筋。10 号以后书出来，我要去各处推销。上海方面要请您帮忙了。

北京大雪，奇冷，我还好，不怎么样冷。

你们大家多保重。祝安好。

姚辛

2000.1.7

小红：您好！

　　征集左联史料函悉。

　　我个人从建国初期起就注意搜集这方面的史料，尤其是左联书刊，文革中损失不少，目前尚存部分。这些书刊资料是我在文革期间拥地三尺、好犁西藏如不容易保存下来的，希望用来从事自己的研究。今悉左联纪念馆乔迁花园，史料陈列亦将充实、更新，作为一名左联研究者，对新的左联史料陈列，自当有所贡献，今奉上藏书目录一份给您看之。当然我的珍藏不能赠送，馆里如需要，可以有价出让。我5年前在北京中国书店看到一本无封面的1930年版《铁甲列车》（鲁迅编佳木行译），价150元，

如果很完整的版——要知道它已出版了中国书店一次旧三出版的鲁迅全文集旧书市价了见一斑

　　我的书刊均是书品上乘、优质，此事请何领导另外，福州路还有重印的《夜莺》赶快去买点来，今怕买不到了，馆藏一、二、三份。

　　匆此，祝

　　　　　　安好

小红：您好！

征集左联史料函悉。

我个人从建国初期起就注意搜集这方面的史料，尤其是左联书刊，"文革"中损失不少，目前尚存部分，这些书刊资料是我在"文革"期间挖地三尺、东躲西藏好不容易保存下来的，希望用来从事自己的研究。今悉左联纪念馆乔迁在即，史料陈列亦将充实、更新，作为一名左联研究者，对新的左联史料陈列，自当有所贡献，今寄上藏书目录一份，给您看看。当然我的珍藏不能赠送，馆里如需要，可以有价出让。我五年前在北京中国书店看到一本无封面的 1930 年版《铁甲列车》（鲁迅编，侍桁译），价 150 元，如果很完整的版本，恐怕要贵一倍了，——要知道它已经出版七十年了啊！在琉璃厂中国书店一次旧书拍卖会上，一本 40 年代出版的鲁迅杂文集或小说集，标价 170 元，旧书市价可见一斑。

我的书刊均是初版本或原版本，书品上乘，优质自应优价。

此事请向领导汇报、定夺。

另外，福州路古籍书店楼上，好像还有重印的《夜莺》、《光明》、《前哨》，赶快去买点来，今后陈列可用，临时去买就买不到了，馆藏一份是不够的，每种必须二、三份。

匆此，祝安好。

姚辛

2000.3.27

小红：您好！

　　寄来的《联合时报》一张收到，谢谢；

　　陶瀛孙寄来一千元钱，想来又是您跟她说了我的情况，真感谢您处处为我着想方设法，但靠人救济，也难为情，我已去信道谢，并寄去一册《左联画史》。

　　富阳陈大戈老太太已89岁了，早就想再去看望她（91年同金老师，小童去过一次，只坐了半小时，几乎没谈什么话），她也多次来信要我去；广州吴描刚吴老也多次来信要我去，叫我住在他家里，昆明周永言的女儿赵玫也一再来信，要我去参观晕贵阳蔡天庐纪念馆，拜访几位三十年代老人，这些人年岁大了，也真想去看看他们，了却些心愿，但眼前事情多实在脱不开，早晚都好像还想去一次。

　　你们馆存留的《左联画史》我帮你们去推销，打几折？有便问问。此书我一本都没有了。

　　向候您妈妈、爸爸好。祝

春祺

姚辛
2000.5.29.

小红：您好！

寄来的《联合时报》一张收到，谢谢！

陶瀛孙寄来一千元钱，想来又是您跟她谈了我的情况，真感谢您处处为我想方设法，但靠人救济，也难为情，我已去信道谢，并寄去一册《左联画史》。

富阳陈大戈老太太已89岁了，早就想再去看看她（1991年同金老师、小童去过一次，只坐了半小时，几乎没谈什么话），她也多次来信要我去；广州吴振刚吴老也多次来信要我去，叫我住在他家里；昆明周永言的女儿赵玟也一再来信，要我去参观呈贡的张天虚纪念馆、拜访几位三十年代老人，这些人年岁大了，也真想去看看他们，再了解些情况，但眼前事情多实在跑不开，等脚好后再想去一次。

你们馆存留的《左联画史》我帮你们去推销，打几折？有便问问。此书我一本都没有了。

问候您妈妈、爸爸好。祝春祺。

姚辛

2000.5.29

小红：

热烈祝贺您的《文坛之光》一书问世，这也是一件创造性的工作，别人没做过的。即使身上生了两个"小疮"，她也仍是美女，人们都会喜欢她，我也喜欢她！

关于"左联之烈士"的书也要快写，也要写得这样生动活泼、耐人寻味，要写得跟《左联之烈士评传》不一样，您完全能做到！

"左联研究"是我们共同的事业，"左联研究"大有可为，愿我们共同努力，多做些别人没做过的工作吧！

祝福您。

无病息灾
永远健康

姚辛
2000年10月21日嘉兴

小红：

　　热烈祝贺您的《文坛之光》一书问世！这也是一件创造性的工作，别人没做过的。即使身上长了两个"小疮"，她也仍是美女，人们都会喜欢她，我也喜欢她！

　　关于"左联五烈士"的书也要快写，也要写得这样生动活泼、耐人寻味，要写得跟《左联五烈士评传》不一样，这，您完全能做到！

　　"左联研究"是我们共同的事业，"左联研究"大有可为，愿我们共同努力，多做些别人没做过的工作吧！

　　祝福您无病息灾，永远健康。

姚辛

2000 年 10 月 21 日　嘉兴

小红：

多日不见，身体好吗？没什么不开心的事吧？一切念之。

在富阳4天，28日回来。

3月18日是巴黎公社130周年。30年前，1971年，文革中，因为联不能研究了，于是感对这段法国历史产生浓厚兴趣，遍读有关史籍，萌发创作欲念，居然写了一部小说，可惜无缘问世。有友人对此感趣，居然为之述及此事，为我"立此存照"，今寄上剪报一方，聊博一笑。

向大家问好。

专此，祝

事之如意

姚辛
2001.4.2.

101—B 33×99.3
第　页

小红：

多日不见，身体好吗？没什么不开心的事吧？一切念念。

在富阳 4 天，28 日回来。

3 月 18 日是巴黎公社一百三十周年（纪念日）。三十年前，1971 年，"文革"中，因左联不能研究了，于是就对这段法国历史产生浓厚兴趣，遍读有关史籍，萌发创作欲念，居然写了一部小说，可惜无缘问世。有友人对此感兴趣，居然为文述及此事，为我"立此存照"，今寄上剪报一方，聊博一笑。

向大家问好。专此，祝事事如意。

姚辛

2001.4.2

小红：

　　身体好吗？拿上北京来信一封，介绍一种新药，您是否愿一试服？供参考。

　　11.26.去了一次山东、北京，昨天回来先后23天，为另一本关于左联的书作准备。此书原计划在《左联史》之后写，但恐为时太晚，不得不提前进行。这次先去济南拜访了94岁高龄的冯毅之先生，他身体不大好，但记忆很好，我当面问了他："陈沂有没有参加北方左联？"他不加思索地回答："他是北方左联组织部的干事，我是组织部长，我们在一起工作，逐求记得很清楚……""当时组织部有几个干事？"我又问。"只有他一个。东城西城，一些大学的左联小组，都由他负责联系，"冯老又不加思索地回答。足见陈沂是北方左联的成员，已无疑问。

　　刘昭已去世（2001.10.）。

王守己去世（
刘春病危，家
草明也病重住
情况不好，家人不
12.8.的开幕
有人看了《新民晚
夏老出席了开幕
31日夏老要做百年
都去祝贺吧！
　　问候邓颖、王
好，大家辛苦了。
　　在北京天天在
感冒，咳得厉害，
好几天嗓子都哑
　　复祝

冬日无恙

小红：

身体好吗？寄上北京来信一封，介绍一种新药，您是否愿意去试服？供参考。

11.26. 去了一次山东、北京，昨天回来，先后23天，为另一本关于左联的书做准备。此书原计划在《左联史》之后写，但恐为时太晚，不得不提前进行。这次先去济南拜访94岁高龄的冯毅之先生，他身体不大好但记忆很好，我当面问了他："陈沂有没有参加北方左联？"他不假思索地回答："他是北方左联组织部的干事，我是组织部长，我们在一起工作，这我记得很清楚……""当时组织部有几个干事？"我又问。"只有他一个，东城西城，一些大学的左联小组，都由他负责联系，"冯老又不假思索地回答。足见陈沂是北方左联的成员，已无疑问。

刘昭已去世（2001.10）。

马宁已去世（2001.12.10·福州）。

刘春病危，家人已在准备后事。

草明也病重住院好久，已成植物人，情况不妙，家人不让我去看她。

12.8. 的开幕式很热闹吧？来了多少人？有人看了《新民晚报》的报道，告诉我夏老出席了开幕式，我很高兴。明年1月31日夏老要做百年华诞纪念，我们大家都去祝贺吧！

问候乐融、王梅玲、李新你们大家好，大家辛苦了！

在北京天天在外奔忙，十多天严重感冒，咳得厉害，喉咙痛，又冷又干，好几天嗓子都哑了，昨天回来就好了。

匆祝冬日无恙。

姚辛

2001.12.19

小红：您好！

　　本月31日是夏老九九华诞，馆里
志雪送个花篮表示视贺，您和周书记
都志雪去夏老家看望他。我也要去的。

　　明年1月31日是夏老百岁华诞，
上海将出版《夏征农文集》以示视贺。

　　三十年代左翼文坛能活到九十九岁
以至百岁的，唯有夏老，殊为难得，
仅此一端就该何他热烈视贺了，
更何况他还为革命文艺事业做了那么
多成绩。左联纪念馆明年应当专门写
一篇贺词才好，您说对吗？

　　专此，祝

工作顺利

101—B 33×99.3

第　　页
姚辛
2002.1.27

小红：您好！

本月 31 日是夏老九九华诞，馆里应当送个花篮表示祝贺，您和周书记都应当去夏老家看看他。我也要去的。

明年 1 月 31 日是夏老百岁华诞，上海将出版《夏征农文集》以示祝贺。

30 年代左翼文坛能活到九十九岁以至百岁的，唯有夏老，殊为难得，仅此一端就该同他热烈祝贺了，更何况他还为革命文艺事业做了那么多成绩。左联纪念馆明年应当专门写一篇贺词才好，您说对吗？

专此，祝工作顺利。

姚辛

2002.1.27

雷加先生：

您身体好吗？久未致候，殊以为念。

自从在北京拜访您，我回家多次想给您写信，但翻箱倒箧也找不到您的地址，因此几年没有写信，实在对不起，最近又一次清理旧物，总算找到。

三十年代出版的《文艺科学》杂志，也未有了，现在都很珍本收藏起来，不给看了，所以您的文章，无法复印，很抱歉。

这两年，我集中全力，广搜史料，加上个人旧藏，编了一本介绍左联的画册《左联画史》，今年3月已送北京黎明晚出版社，经审阅，认为内容丰富、史料珍贵、很有价值，决定出版，因为是画册，又有很多剧照（书影），所以印刷成本很高，需30万元人民币，这是一大难题。笔上梦把一份，汇报情况。

　　　　顺颂

健康长寿

　　　　　　　　　　晚　姚辛
　　　　　　　　　　98.10.10.

16开单线报告纸　　（204—80）　　　第　页

雷加先生：

您身体好吗？久未致候，殊以为念。

自从在北京拜访您，我回家多次想给您写信，但翻箱倒箧也找不到您的地址，因此几年没有写信，实在对不起，最近又一次清理旧物，总算找到。

30 年代出版的《文艺科学》杂志，过去有的，现在都作为珍本收藏起来，不给看了，所以您的文章，无法复印，很抱歉。

这两年，我集中全力、广搜史料、加上个人旧藏，编了一本介绍左联的画册《左联画史》，今年 3 月已送北京光明日报出版社，经审核，认为内容丰富、史料珍贵、很有价值，决定出版，因为是画册，又有很多彩照（书影），所以印刷成本很高：需 30 万人民币。这是一大难题。寄上剪报一份，汇报情况。

顺颂健康长寿。

晚　姚辛
98.10.10

雷加（1915-2009），原名刘涤、刘天达，辽宁丹东人，现代作家。曾任延安边区文化协会秘书长、安东造纸厂厂长、北京市文联秘书长、全国文联委员、北京市作家协会副主席等职。代表作有长篇小说《潜力三部曲》，短篇小说集《水塔》等。

钦鸿同志：

久未致候，有何新作问世？甚念。

迨几年，我又编了一本系统介绍左联的硬的画册：《左联画史》，12月底可出版。虽曰"编"，却并非现成资料之粘贴堆集，而是多年沉入故纸堆中寻觅择拣、沙里淘金，功夫之大不亚《左联词典》，此中甘苦我心知。此书照片制版甚精、纸张好、装帧优，出版社为此投入20万元巨资，是皖版今年的精品书之一，因投资大成本高内容丰富，定价也相应高些。寄上订单一份，请问各地市各图书馆、大专院校、人民团体政府机关资料室是否需要此书，如要买，可汇款到出版社。如蒙协助，万分感激。

《中国现代文学作家笔名录》需补充的资料已积累一些，适当时候当抄呈。

专此　即颂

著祺

姚辛

1999.12.11.

钦鸿同志：

久未致候，有何新作问世？甚念。

这几年，我又编了一本系统介绍左联历史的画册：《左联画史》，12月底可出版。虽曰"编"，却并非现成资料之粘贴堆集，而是多年沉入故纸堆中寻觅采撷，沙里淘金，功夫之大不亚《左联词典》，此中甘苦我心知。此书照片制版精、纸张好，装帧优，出版社为此投入20万元巨资，是该社今年的精品书之一，因投资大成本高内容丰富，定价也相应高些。寄上订单一份，请问问贵市各图书馆、大专院校、人民团体、政府机关资料室是否需要此书，如要买，可汇款到出版社。如蒙相助，万分感激。

《中国现代文学作家笔名录》需补充的资料已积累一些，适当时候当抄呈。

专此即颂著祺。

姚辛

1999.12.11

钦鸿（1947-2015），原名钦志衍，笔名欣文等，浙江长兴人。曾任中国鲁迅研究会会员、中国现代文学研究会会员、江苏省作家协会会员、香港中国文化馆编委、江苏省台港暨海外华文文学研究会理事。著有《中国现代文学作家笔名录》《中国现代文学辞典》等。

钦鸿兄：您好！

　　10.10.函及尊著《遥望集》敬悉，谢谢！您在海外华人文学领域成绩卓著，甚为钦佩。敬表祝贺！望再接再励，多取更大成绩！

　　作家笔名资料，先提供几则如下：

　　《中国现代文学作者笔名录》（大同）87页《石潇鹤》条下子增加：凌君——《艺人印象记（一）花好月圆的李萍倩，载1933.7.1.《电影画报》第一期以此后同刊第二期、第三期、第十期所载之《艺人印象记（二）蓋签签的怪物》《艺人印象记（三）（狂徒）到虔者程步高》、《年青的老人郑正秋》等文。

　　240页《李正文》条下之"里政"应为"里正"。

　　275页《吴拯刚》条，他的生年为1916年

　　又《吴夔如》条，"吴牛"笔名用得更早的是1933.9.17.《中华日报·十日文学》《为"九·一八"二周年祭而作》。

　　又"夔如"署名更早的还有1933.7.30.《中华日报·十日文学》上的小说《瑶塞斯·约翰》。

　　又，"吴牛"——见于《空说与实践》一文，载1934.6.7.《中华日报·十日文学》57期。

　　287页"时旦"条，较早的还有《清匪五日记》，载1936.1.5.《生活知识》月刊1：7。

钦鸿兄：您好！

10.10.函及尊著《遥望集》敬悉，谢谢！您在海外华人文学研究领域成绩卓著，甚为钦佩，敬表祝贺！望再接再厉，争取更大成绩！

作家笔名资料，先提供几则如下：

《中国现化文学作者笔名录》(下同)87页"石凌鹤"条下可增加：凌君——《艺人印象记（一）花好月圆的李萍倩》，载1933.7.1《电影画报》第一期及此后同刊第二期、第三期、第十期所载之《艺人印象记（二）羞答答的怪物》、《艺人印象记（三）〈狂流〉导演者程步高》，《年青的老人郑正秋》等文。

240页"李正文"条下之"里政"应为"里正"。

275页"吴振刚"条，他的生年为1916年。

又"吴奚如"条，"吴牛"笔名用得更早的是1933.9.17《中华日报·十日文学》《为"九·一八"二周年祭而作》。

又，"奚如"署名更早的还有1933.7.30.《中华日报·十日文学》上的小说《渥尔斯·约翰》。

又，"昊午"——见于《空谈与实践》一文，载1934.6.7.《中华日报·十日文学》57期。

287页"时旦"条，较早的还有《请愿五日记》，载1936.1.5.《生活知识》月刊1:7。

· 296页《汪金丁》条末了加一条:

　　李佳生——见于《致中国左联作家的一封公开信》,
　　载1932.6.16.北平《尖锐》杂志1:2

411页《欧阳凡海》条,说他用此名字于1941年8月,太晚了。
　　我见过署用此名的要早5年:1935.6.2夫《申报·自由谈》
　　发表他的诗《暴风雨》,1936.3.25.《东方文艺》1:1
　　发表他的小说《败北》,1936.5.2夫.同刊1:2又发表
　　他的小说《三朋友》。

420页左栏最末处加《罗竹风》条,他有一子笔田牛,1933.1.1.
　　北平《冰流》杂志1:1发表他的《潮汐》,1:2.3合刊
　　又发表他的《建设》,1:5.6.合刊又发表他的《宋衷
　　归来》等文。

441页右栏《钢鸣》条——好歌曲《九·一八纪念歌》,
　　此歌列出时署"钢鸣词孙慎曲",载1936年9月
　　20日上海《生活知识》2:9。
　　又:《周钢鸣》——见于论文《民族危机与国防戏剧》,
　　载1936.2.20.上海《生活知识》1:10.沿用到后来。

495页《俞竹舟》条,他的生卒年为1909—1974。
　　竹舟——见于《苏联美术学校》,载1933.3.16.
　　北平《艺术信号》半月刊第1号。
　　还应加1条:
　　鱼羊——见于译诗《劳动者和农民》,载1933.4.1.
　　北平《艺术·信号》第2号。

526页《噪声》条:噪声——见于论文《电影的音乐配奏》,
　　载1933.7.1《电影画报》第1期;《影界漫画》载
　　1933.7.15.《电影画报》第2期。

296 页"汪金丁"条末可加一条：

李保生——见于《致中国左联作家的一封公开信》，载1932.6.16 北平《尖锐》杂志 1：2

411 页"欧阳凡海"条，说他用此名字于 1941 年 8 月，太晚了。我见过署用此名的要早 6 年：1935.6.25《申报·自由谈》发表他的诗《暴风雨》，1936.3.25《东方文艺》1：1 发表他的小说《败北》，1936.5.25 同刊 1：2 又发表他的小说《三朋友》。

420 页左栏最末应加"罗竹风"条，他有一个笔(名)田牛，1933.1.1 北平《冰流》杂志 1：1 发表他的《潮汐》，1：2·3 合刊又发表他的《建设》，1：5·6 合刊又发表他的《示威归来》等文。

441 页右栏 "钢鸣"条——见于歌曲《九一八纪念歌》，此歌刊出时署"钢鸣词孙慎曲"，载 1936 年 9 月 20 日上海《生活知识》2：9。

又："周钢鸣"——见于论文《民族危机与国防戏剧》，载 1936.2.20. 上海《生活知识》1：10，沿用到后来。

495 页"俞竹舟"条，他的生卒年为 1909—1974。

竹舟——见于《苏联美术学校》，载 1933.3.16. 北平《艺术信号》半月刊第 1 号。

还应加 1 条：

鱼羊——见于译诗《劳动者和农民》，载 1933.4.1. 北平《艺术信号》第 2 号。

546页　可加《徐岁》条。徐岁(1909—)原名徐世纶,
　　　河北大兴县人。笔名。

　　　　泥草鞋——见于剧本《婪加的父亲》,载1933.4.15.
　　北平《冰流》杂志1:2.3合刊,此后又在同刊发表
　　小说《戒严》,1:5.6合刊发表剧本《赵家楼》。

598页　《曹白》条:曹白——见于论文《凯绥·珂勒惠台》,
　　　载1936.8.20.上海《生活知识》2:7.路用到后来。

605页　《曼晴》条,他的卒年为1989年。

632页　《韩起》条:寒琪——见于译文《论高尔基》,载
　　　1932.11.15.上海《文学月报》第4号。

660页　《谢冰莹》条下之"兰如"——1934.3.30.《申报·
　　　自由谈》发表散文《黄沙麻花》一文开始使用,此后
　　　又在同刊发表《疯女》(1934.4.6.)、《失眠》(1934.
　　　5.12.)、《惮庐晓》(1934.6.4.5.)、《大椿桥的
　　　夏夜》(1934年~~，~~~~~~~~
　　　~~改画剧~~ 月1日)、《夜市》(1934.12.4.)、
　　　《从火山归来》(1934年12月21.22.24—
　　　29日)、《恐怖生活的回忆》(1935年3.6~7日)、
　　　《东方文化学院参观记》(1935.3.20.—21.)、
　　　《别》(1935.9.6.)。

665页　叶素——《笛歌》、《青苍与落衣》,载1936.9.16.
　　　上海《译文》新2卷第1期。
　　　　(不是1卷)

526 页"噪声（森）"条：噪声（森）——见于论文《电影的音乐配奏》，载 1933.7.1.《电影画报》第 1 期；《影界漫画》，载 1933.7.15.《电影画报》第 2 期。

546 页可加"徐仑"条。徐仑(1909—)，原名徐世纶，河北大兴县人。笔名：泥鞋——见于剧本《斐加的父亲》，载 1933.4.15. 北平《冰流》杂志 1：2·3 合刊，此后又在同刊 1：4. 发表小说《戒严》，1：5·6 合刊发表剧本《赵家楼》。

598 页"曹白"条：曹白——见于论文《凯绥·珂勒惠台（支）》，载 1936.8.20. 上海《生活知识》2：7，沿用到后来。

605 页 "曼晴"条，他的卒年为 1989 年。

632 页"韩起"条：寒琪——见于译文《论高尔基》，载 1932.11.15. 上海《文学月报》第 4 号。

660 页"谢冰莹"条下之"兰如"——1934.3.30《申报·自由谈》发表散文《长沙麻花》一文开始使用，此后又在同刊发表《疯女》（1934.4.6）、《失眠》（1934.5.12）、《悼庐隐》（1934.6.4-5）、《大椿桥的夏夜》（1934.9.1）、《夜市》（1934.12.4）、《从火山归来》（1934.12.21、22、24-29）、《恐怖生活的回忆》（1935 年 3.6-7）、《东方文化学院参观记》（1935.3.20-21）、《别》（1935.9.6）。

665 页"叶素"——《连歌》、《青苍与薄灰》，载 1936.9.16. 上海《译文》新 2 卷（不是 1 卷）第 1 期。

689页《潘子农》条：潘子农之名并非1937年8月才用，而是6年前就用了。《文学导报》1卷4号扬帆的报道《南京通讯》中就多次提到此人。见1931、7、13。该刊1、4（《前哨》合订本）。

154页《刘春》条右可加笔名 柳丹——见于论文《现阶段中国文学战线之他倾向》。载1936、4、15、北平《志川》月刊第1期。

别的还有，一时批不出来，容后再告。

最近我常在上海，又不知您何时来禾，也许难以相晤，歉甚。图书馆不是我的单位，只是个寄信之处（因我的住所无门牌，不通邮）务三、五天去一次取信。如有事了来信或来电，书的电话

顺颂

身体健康、创作丰收

姚辛
2002、10、25.

689页"潘子农"条：潘子农之名并非1937年8月才用，而是6年前就用了，《文学导报》1：4思扬的报道《南京通讯》中就多次提到此人。见1931.9.13.该刊1：4(《前哨》合订本)。

154页"刘春"条后可加笔名柳丹——见于论文《现阶段中国文学必然之倾向》，载1936.4.15.北平《忘川》月刊第1期。

别的还有，一时找不出来，容后再告。

最近我常在上海，又不知您何时来禾，也许难以相晤，歉甚。图书馆不是我的单位，只是个寄信之处（因我的住所无门牌，不通邮），我三、五天去一次取信。如有事可来信或来电，我的电话……

顺祝身体健康，创作丰收。

姚辛

2002.10.25

钦鸿兄：

　　您好！祝贺您春还新居及新著问世：《文坛话旧》收到，谢谢。

　　书中述及蒋锡金不是左联盟员一节很好。以前我也听人说他是左联成员，八十年代我特地去长春拜访蒋先生，终于搞清事实，纠正了一大冤案。

　　王紫平先生好多年失去联系，他的子女我也不认识，前几年曾致函他的工作单位武汉市文化志办公室询问王紫平先生情况，无回信，直接给他本人去信也无下文，信也未退回，不知怎么回事？专此　祝

好！

　　　　　　　　　　　　　姚辛
　　　　　　　　　　　　2008.3.25.

钦鸿兄：

　　您好！祝贺您乔迁新居及新著问世：《文坛话旧》收到，谢谢！

　　书中述及蒋锡金不是左联盟员一节很好。以前我也听人说他是左联成员，80年代我特地去长春拜访东北师大王志之先生，王老带我去见蒋先生，终于搞清事实，纠正了一大疑案。

　　王紫平先生已多年失去联系，他的子女我也不认识，前几年曾致函他的工作单位武汉市文化志办公室询问王紫平先生情况，无回信，直接给他本人去信也无下文，信也未退回，不知怎么回事？专此祝好！

　　　　　　　　　　　　　　　　　　　　　姚辛

　　　　　　　　　　　　　　　　　　　　　2008.3.25

贵报浙江记者能叶颇
了解我的情况。又及

张庆同志：

您好！

1月11日《光明日报》《柳倩先生喜庆90华诞》一文中，说柳老"是左翼作家联盟的创始人之一"，不确。他根本不是左联创始人，只是一名普通盟员——当然，普通盟员也不简单。

柳倩先生是1931年到上海的，而左联是1930年3月2日在上海成立的，他刚到上海时，左联已经成立一年多了，他怎么可能成为左联的"创始人之一"呢？早些年，我为撰写《左联词典》的《柳倩》条曾多次拜访过柳老，了解、核实史料，他本人从未说过参加省起左联之类。有关左联省起情况在我编《左联词典》一书中有明确说清。此书1994年光明日报出版社版，了老素看看。

我是专门研究三十……1985年曾在上海左联……（免费资料2张），两……书稿。四七十——八十岁……采访健在的左联成……知情人，与他们通信……编写成功《左联词……

最近光明日报出……《左联画史》，是用大……的历史，其中也介绍了……《生命展微疲》，了……

我是浙江人，又……是毛纺厂工人，已退休……

专此奉复，顺颂

撰祺

嘉市图书馆。

▪ 张庆，《光明日报》记者。

张庆同志：

　　您好！

　　1月11日《光明日报》《柳倩先生喜庆90华诞》一文中，说柳老"是左翼作家联盟的创始人之一"，不确。他根本不是左联创始人，只是一名普通盟员——当然，普通盟员也不简单。

　　柳倩先生是1931年到上海的，而左联是1930年3月2日在上海成立的，他到达上海时，左联已经成立一年多了，他怎么可能成为左联的"创始人之一"呢？早些年，我为撰写《左联词典》的"柳倩"条，曾多次拜访过柳老，了解、核实史料，他本人从未说过参加发起左联之类。有关左联发起情况在拙编《左联词典》一书中有明确说法，此书1994年光明日报出版社版，可找来看看。

　　我是专门研究30年代左翼文学的，1990—1995年曾在上海左联纪念馆工作5年多（负责资料工作），为撰写《左联词典》书稿，70到80年代我走遍大半个中国寻访健在的左联成员及其家属子女和知情人，与他们通信，了解了大量史料，最后编写成功《左联词典》一书。

　　最近光明日报出版社又出了我一本《左联画史》，是用大量历史图片介绍左联的历史，其中也介绍了柳倩的第一部诗集《生命底微痕》，可参阅。

　　我是浙江人，现住浙江嘉兴市，原是毛纺厂工人，已退休，目前专门从事左联研究。

　　专此奉复，顺颂撰祺。

嘉市兴图书馆　姚辛

2000.1.17

　　贵报浙江记者站叶辉了解我的情况。又及。

鲁葳同志、您好！

感谢您和陈友政主任及光明日报出版社为我出版《左联画史》，我脚跌伤后又帮我寄书，您和朋友又送我去车站，您又请老大夫来问病送药，一切都太感激了！

鲁迅先生说过："人生得一知已足矣"，能结识像这样一位知已，此生此世，也就心满意足了！

出版《左联画史》，是我左联研究的第零目标，书已出版，我不会再有更多额外要求，更不会旁生枝节，请放心。我不要10本书《左联画史》，"钱"请将6000元扣去借款的余额先化我付掉，所缺部分+邮寄费，

请发行科速告，我立即汇上，因心我不知道。

书，请速

何时赴美请老前寄出。地址

314000 转姚辛收，

祝

编安

鲁葳，光明日报出版社编辑。自 1994 年起担任姚辛的《左联词典》《左联画史》《左联史》的责任编辑。

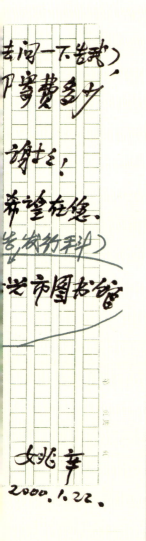

鲁葳同志：您好！

感谢您和陈友政主任及光明日报出版社为我出版《左联画史》，我脚跌伤后又帮我寄书、您和朋友又送我去车站，您又请赵大夫来问病送药，这一切都太感激了！

鲁迅先生说过："人生得一知己足矣"，能结识您这样一位知己，此生此世，也就很满足了！

出版《左联画史》，是我左联研究的第二个目标，书已出版，我不会再有更多额外要求，更不会枉生枝节，请放心。

我还要10本书《左联画史》，钱，请将6000元扣去借款的余额先代我付掉，所缺部分＋邮寄费，请发行科速告（最好您去问一下告我），我立即汇上，因10本书邮寄费多少我不知道。

书，请速寄来，谢谢！

何时赴美请告，书，希望在您走前寄出。地址：（请告发行科）

314000 浙江嘉兴市图书馆转姚辛收，即可。

祝编安。

姚辛

2000.1.22

宗京：您好！

　　这回到京，蒙您和傅蔚同志热心照顾，大雨之夜，倍衡又送去田沩湖楼匡夷家，十分感谢！我在楼老家一直住到4月28日才高兴回家。

　　1931年下半年或1932年，苏联国际革命作家联盟出版的《世界革命文学》杂志英文版和德文版、俄文版上，都登载过中国左联的两份宣言：

　　一《中国左翼作家联盟为国民党屠杀大批革命作家宣言》

　　二《为国民党屠杀同志致各国革命文学和文化团体及一切为人类进步而工作的著作家思想家书》

　　请代我去各大图书馆查一下，如有英文本、德文本、俄文本的这两宣言，请给我各复印一份，每种刊物封面

101—B32×2000.7　　　　第　页

也请各复印一份

寄下，地址正：

中华人民共和国

浙江嘉兴

姚辛

费用及邮资，折此事务必请您

感激。因我们用它们作插图份交光明日报

祝　韩乔

倍成　今后前程

祝您安宁

一路顺风

101—B32×2

韩宗京，《左联词典》资助者。

宗京：您好！

这回到京，蒙您和傅菲同志热心照顾，大雨之夜，你们又送去团结湖楼适夷家，十分感谢！我在楼老家一直住到 4 月 28 日才离京回家。

1931 年下半年或 1932 年，苏联国际革命作家联盟出版的《世界革命文学》杂志英文版和德文版、俄文版上，都登载过中国左联的两份宣言：

一、《中国左翼作家联盟为国民党屠杀大批革命作家宣言》

二、《为国民党屠杀同志致各国革命文学和文化团体及一切为人类进步而工作的著作家思想家书》

请代我去各大图书馆查一下，如有，英文本、德文本、俄文本的这两宣言，请给我各复印一份，每种刊物封面，也请各复印一份（请用中文说明），

寄下，地址：

中华人民共和国，314000

浙江嘉兴市少年路市图书馆　姚辛　收

费用及邮资，折合人民币，由我奉还。此事务必请您和韩乔帮忙，万分感激。因我的书稿《左联史》要用它们作插图，全部书稿，约 9、10 月份交光明日报出版社。

祝韩乔在外一切平安、学业有成、今后前程远大、生活幸福！祝您安宁愉快，出国一路顺风。

姚辛

2002.5.5

后 记

　　姚辛是我们这个时代最可敬的人，是学人的一位楷模、一面镜子。自 1956 年起，他以坚韧不拔的毅力，过着清贫至极的生活，乐此不疲地奔走于全国各地，耗尽毕生积蓄，五十五年如一日自费研究左联：春蚕至死丝方尽，皓首穷研左联史。以此来形容姚辛的一生，是最恰切不过的了。

　　本书编纂过程中得到了许多专家学者的帮助，在此特别感谢上海市社会科学界联合会党组书记、编审王为松；华东师范大学中文系研究员、上海市文史研究馆馆员陈子善；上海中国鲁迅研究会副会长、上海交通大学教授王锡荣；华东师范大学中文系教授罗岗；上海鲁迅纪念馆研究馆员、原副馆长乐融；瞿秋白研究专家丁言模；嘉兴地方文史研究专家范笑我；嘉兴市图书馆地方文献部主任郑闯辉；上海图书馆副研究馆员祁飞的指导与帮助。此外，还有姚辛子女姚铁藜、姚依黎的授权与帮助，谨致谢忱！

　　由于出版时间紧迫，所编内容难免存在些许疏失，敬请各位读者批评指正。

编者

2024 年 11 月 8 日